AS BEM-AVENTURANÇAS DO LÍDER

Dados Internacionais de Catalogação na Publicação (CIP)
(Câmara Brasileira do Livro, SP, Brasil)

Santarém, Robson
As bem-aventuranças do líder : a jornada do herói / Robson Santarém. – Petrópolis, RJ: Vozes, 2014.

ISBN 978-85-326-4731-3

1. Bem-aventuranças 2. Crescimento pessoal 3. Espiritualidade 4. Liderança – Aspectos psicológicos I. Título.

13-13496 CDD-158.4

Índices para catálogo sistemático:
1. Liderança : Psicologia e espiritualidade
158.4

ROBSON SANTARÉM

AS BEM-AVENTURANÇAS DO LÍDER

A JORNADA DO HERÓI

EDITORA VOZES

Petrópolis

Rua Frei Luís, 100
25689-900 Petrópolis, RJ
Internet: http://www.vozes.com.br
Brasil

Diretor editorial
Frei Antônio Moser

Editores
Aline dos Santos Carneiro
José Maria da Silva
Lídio Peretti
Marilac Loraine Oleniki

Secretário executivo
João Batista Kreuch

Editoração: Camila Vogel Satyro de Sá
Diagramação: Sandra Bretz
Capa: Érico Lebedenco
Ilustração de capa: Érico Lebedenco

ISBN 978-85-326-4731-3

Editado conforme o novo acordo ortográfico.

Este livro foi composto e impresso pela Editora Vozes Ltda.

Não precisamos nem mesmo nos arriscar sozinhos na aventura, pois os heróis de todos os tempos já foram à nossa frente. O labirinto é bem conhecido, só temos que seguir os passos do herói.

Joseph Campbell

À minha mãe.

GRATIDÃO

Como quitar a dívida contraída ao longo da jornada?
Invoquei os céus que me iluminassem
Para transformar tudo o que há em minha alma
Em reconhecimento a todos aqueles que, como dádivas,
cruzaram o meu caminho.

Registro aqui a minha gratidão aos que contribuíram para as páginas deste livro. Ao querido James McSill – que tornou mais saborosa a arte de escrever; a Betty Sue Flowers, para quem não tenho palavras, e a Michele Hunt, que me inspira e validou com doçura as histórias aqui narradas. Por fim, obrigado a você que inicia essa caminhada comigo.

http://www.animah.com.br/qrcode/qrcode1.pdf

SUMÁRIO

Prefácio

Meu primeiro encontro com o mitólogo Joseph Campbell ocorreu no New York Athletic Club. Ele estava encostado na parede com as mãos nos bolsos. Quando me viu andando na direção dele, tirou as mãos dos bolsos, e um par de notas de dólar flutuou até o chão. "Opa!", ele riu: "Eu estou perdendo meus símbolos". E então iniciou uma explicação bela e instigante de todos os símbolos nas notas de dólar – o olho, o triângulo, a águia, as setas, o ramo de oliveira...

Como Campbell, que explorou as etapas da jornada do herói arquetípico, Santarém combina a profundidade da aprendizagem a uma leveza de espírito que torna a leitura de As bem-aventuranças do líder: a jornada do herói uma delícia de ler. E de uma forma muito profunda, As bem-aventuranças... expande o trabalho de Campbell na medida em que explora não só o percurso individual do herói, mas o caminho que tomamos em grupos no ambiente de trabalho – e a jornada do líder individual em relação ao grupo.

Tudo o que é difícil para um herói é ainda mais difícil para o herói que deve levar um grupo ao longo da jornada. Qual é a jornada do herói do líder de um grupo? Como um líder inspira um grupo a passar pelas provas, aproveitar os desafios, reconhecer os ajudantes ao longo do caminho e enfrentar a noite escura da alma?

As bem-aventuranças... responde a estes desafios ligando a sabedoria da herança do cristianismo – especialmente os ensinamentos em relação ao amor – à sabedoria encarnada na mitologia. O livro é inspirado em um profundo respeito pela jornada sagrada de cada um de nós e traz esse respeito para a vida, partilhando diálogos que são fruto das experiências de Santarém com executivos e equipes de liderança. Se reconhecermos o mito de nossas vidas, não por eventos externos mas apenas por experiências interiores, As bem-Aventuranças... oferece pistas – através de fábulas, histórias, citações, diálogos, exercícios e uma estrutura baseada nas etapas da jornada do herói – para entender essas experiências.

Citando Paulo Freire, Santarém diz que ninguém educa a si mesmo – o aprendizado "ocorre durante o encontro", no diálogo. As bem-aventuranças... cria esse diálogo com os seus leitores, permitindo-nos acompanhar um homem sábio com o coração na jornada do herói.

Betty Sue Flowers, Ph.D.

Consultora para a série de televisão *Joseph Campbell – O poder do mito*. Editou um livro em conjunto com Joseph Jaworski sobre as dimensões internas de liderança, *Synchronicity*, e recentemente publicou com Jaworski, Peter Senge e Otto Scharmer: *Presença – Propósito humano e o campo do futuro*. É editora de Cenários Globais para o Desenvolvimento Sustentável e de Cenários para o Futuro da Biotecnologia, ambos patrocinados pelo Conselho Empresarial Mundial, em Genebra.

Para começar...

Feliz é quem faz a jornada do herói conscientemente. Tornar-se-á líder de si mesmo e, como agente de transformação, inspirará muitos pela força do exemplo.

As aventuras de Pinocchio, de Carlo Collodi, é uma metáfora da JORNADA DO HERÓI. Escrita em 1881, esta estória foi consagrada por Disney em 1940.

Acompanhe o texto:

O carpinteiro Gepeto vive só, consertando e fabricando brinquedos. Um dia fabrica um boneco, batiza-o como Pinocchio e deseja que se torne um menino de verdade. Certa noite aparece a Fada Azul e atende ao seu desejo, dando vida ao boneco, mas diz que para se tornar menino de verdade é preciso provar valentia, sinceridade e generosidade, saber discernir entre o certo e o errado e seguir a voz da consciência. Ela designa o Grilo Falante como a consciência de Pinocchio. Gepeto se alegra com o boneco vivente e o envia para a escola. Ao sair de casa começam as aventuras. Aparece o João Honesto que o desvia do caminho prometendo-lhe vida melhor com dinheiro e fama e o leva para o teatro do Stromboli, que o explora. Seduzido por João Honesto, sem ouvir o Grilo Falante ele sofre como prisioneiro do Stromboli. A Fada Azul aparece para libertá-lo. Determinado a se tornar melhor, é de novo enganado pelo João Honesto que o leva para a Ilha da Fantasia onde se junta ao Espoleta que o leva ao pior dos mundos, onde crianças são transformadas em burros. Com o auxílio do Grilo, Pinocchio foge e ao retornar para a sua casa não encontra o pai que ao sair para buscá-lo acabou sendo engolido pela Baleia Monstra. Pinocchio decide salvar Gepeto e se lança ao mar e trava uma grande luta contra a Monstra até salvá-lo, mas no esforço, ele morre. Quando está velando o boneco inerte a Fada Azul ressurge e reconhece os méritos de Pinocchio que demonstrou bravura, lealdade e deu a própria vida para salvar o pai e, então, o transforma em um menino de verdade.

Enquanto lia você se deu conta que sublinhei alguns trechos. Embora tenha certeza de que conhecia a estória, talvez nunca tenha se dado conta de que essa é a sequência da nossa vida. Inconscientemente a humanidade produziu as mais belas estórias registradas nas mitologias e escrituras sagradas das tradições espirituais. Com variados estilos, em todas está a busca do sentido. Por isso encantam adultos e crianças. Hoje, com a percepção consciente, vemos nelas a nossa própria história.

Como Pinocchio, passamos pelo tempo de viver inconsciente a própria vida. É o tempo do boneco sem vida na oficina. Mas este é um tempo transitório. Há uma voz que nos chama a viver de maneira consciente e cumprir uma missão digna do ser humano. É quando aparece a fada em nossa vida e chega o momento de assumir as rédeas do destino e confrontar-se com os perigos. É um momento de abandono da zona de conforto. Deixar a "casa paterna" significa abandonar conceitos e padrões internalizados que podem não ser adequados para o novo momento. Embora desconhecido, o novo exerce em Pinocchio e em cada um de nós um fascínio que desperta energias adormecidas e vontade de arriscar que nos levam na direção do nosso destino.

Assim como o Pinocchio, muitas vezes não percebemos os perigos que nos espreitam e deixamo-nos seduzir por outros chamados. Não acontece o mesmo conosco? Por mais de uma vez, a Fada surge para orientar e conduzir o Pinocchio de volta ao caminho da vida. Embora às vezes resista, ele sabe que pode contar com o Grilo que é o aliado que o ajuda a vencer os inimigos. Quem não viveu experiências semelhantes, encontrando tanto pessoas que querem nos derrubar quanto aquelas dispostas a nos ajudar?

Ao se desvencilhar do João Honesto, Pinocchio retorna para casa e enfrenta a maior das provações. É nesse momento que coloca seus interesses pessoais de lado e empreende todos os esforços para combater a Baleia Monstra e salvar o pai. Aqui descobre que, ao dar a própria vida para salvar o pai, ele encontra a humanidade que estava "escondida" e a Fada o torna um "menino de verdade". Assim também pode acontecer com cada um: a vida nos dá inúmeras possibilidades de nos humanizarmos. Descobrir o significado desses momentos nos dá a certeza de que seremos mais plenos quando nos doarmos e nos colocarmos a serviço do outro e de uma causa que seja nobre.

Os símbolos e mitologias contêm informações que escapam da razão humana e por isso nos encantam. Eles contam uma história sagrada e são espontâneos porque frutos do inconsciente. Uma das coisas que admiro nos estudos de Carl Jung é a possibilidade de expansão da consciência para a compreensão dos símbolos e mitos que nos levam ao encontro do Transcendente. São eles que nos ajudam a entender um pouco mais do ser humano. Pois a história de cada um é sagrada, e contá-la nos ajuda a compreendê-la e perceber a sacralidade da vida. Precisamos enxergar a nossa trajetória na perspectiva de quem caminha na busca do sentido, de quem, mesmo que às apalpadelas, tenta tocar o Eterno e Insondável.

Neste livro, você vai saber como aplicar as etapas da jornada do herói em sua vida. É um caminho reflexivo sobre a sua própria jornada e como, ao dar esses passos, você poderá também desenvolver competências de liderança.

A jornada do herói é a jornada humana, e não uma estória inventada. Vivemos e percebemos o quanto a nossa história está repleta de ritos, figuras míticas, estórias que povoam o inconsciente coletivo. Eles aparecem em nosso dia a dia, nos ritos de passagem, nas celebrações da vida e da morte, nos rituais das religiões e nas togas dos juízes, entre tantos outros símbolos do cotidiano, que já foram tão banalizados que sequer os percebemos e o quanto podem nos ensinar.

Por isso a jornada é uma das melhores metáforas sobre a vida humana e é tão utilizada em literatura e filmes. Muitos estudaram esse arquétipo: Aristóteles, Vladimir Propp, Carl Jung e Joseph Campbell, o maior de todos os mitólogos.

Segundo Campbell o herói é o mito mais conhecido no mundo, ele é a chave para a nossa mais profunda força espiritual, a força capaz de nos levar à iluminação. Nesse sentido o mito tem um caráter pedagógico, pois nos ensina a nos tornarmos humanos de verdade. Como Campbell expressou na obra *O herói de mil faces*, os mitos são pistas para as potencialidades espirituais da vida humana.

Neste livro iremos também refletir sobre a liderança na perspectiva desse mito, e como fazer a jornada pode nos ajudar a ir ao encontro da nossa bem-aventurança, isto é, a plena realização e assim nos colocar a serviço do bem comum. Em primeiro lugar sabe-se que cada ser humano faz a sua jornada, e se a faz consciente ele tem o poder do autodomínio, que é essencial para o exercício da liderança. E, em segundo, entendo que se tornar humano é condição indispensável para ser um verdadeiro líder. Que outro modo senão pelo exemplo e pela força do caráter alguém conseguiria inspirar, mobilizar e fazer com que seus seguidores se comprometam com uma causa? E, mais que isso, de que outra forma poderia transformar seguidores em novos líderes e agentes de transformação senão ele próprio tornando-se servidor dos demais?

Campbell identificou doze estágios na jornada do herói. Seguiremos esses passos contando histórias de líderes que, como eu e você, estão fazendo a jornada. O meu livro quer te ajudar a passar por essas etapas. Por isso proponho alguns exercícios e provoco você a olhar para a sua própria história como a jornada do herói que caminha em busca da bem-aventurança. Posso afirmar que todos os grandes líderes da humanidade viveram essa experiência. Você sabe: Jesus Cristo, Buda, Gandhi, Martin Luther King Jr., Nelson Mandela e tantos outros, incluindo os milhões que não conheço, mas são bem-aventurados. Jung, para citar outro exemplo, afirma em *Memórias, sonhos e reflexões* ter feito muitos exercícios: "Sabia que essa pequena chama era a minha consciência, a única luz que possuía. O conhecimento de mim mesmo era o único e maior tesouro que possuía". Por isso confessa: "Minha vida é a história de um inconsciente que se realizou. Assim, pois, comecei agora, aos oitenta e três anos, a contar o mito da minha vida. [...] Eis por que minha vida foi pobre em acontecimentos exteriores. Só posso compreender-me através das ocorrências interiores. São aquelas que constituem a particularidade da minha vida e é delas que trata minha 'autobiografia'". Assim, se trabalharmos de forma consciente o herói que nos habita, podemos alterar o resultado final de nossa jornada.

Preste atenção no primeiro capítulo quando trataremos do "chamado à aventura". É nesse estágio que a rotina do herói é interrompida pelo inusitado ou por uma decisão intencional. De qualquer modo, o que importa é que o herói é desinstalado por um chamado, que se manifesta de diferentes maneiras. O que sempre será determinante é a voz interior que definirá o conteúdo desse chamado e exigirá uma ruptura com o mundo que vivia até então.

Em seguida, vou convidar você a refletir sobre atitudes de negação. É a etapa em que o herói esmorece e desiste. Prefere permanecer na sua vidinha de sempre do que correr os riscos da aventura ou deixa-se seduzir pelas vozes que o desviam da sua bem-aventurança. Ao recusar-se encontrará o trabalho duro e sem sentido e deixa de ser herói para se tornar vítima de suas próprias escolhas.

Entretanto, se o herói decide ir em frente ele contará com o auxílio sobrenatural que o apoiará e o guiará em toda a jornada até que realize o seu propósito. Essa é a etapa do encontro com o mentor. Na mitologia esse auxílio pode aparecer como uma figura protetora, a fada, um ancião ou anciã, o arquétipo que lhe fornece orientações e amuletos que o protegerão contra os inimigos. Tal encontro também pode ser com alguém mais experiente que irá treiná-lo, ou até mesmo uma situação inusitada que lhe acontece e se torna uma luz quando ele se dá conta do *insight* que emerge naquele momento. Daí o seu caráter sobrenatural. A ajuda sempre aparece para o herói destemido que se põe a caminho da busca da bem-aventurança. Basta saber e confiar que os guardiões surgirão e o herói encontrará as forças para cumprir o seu propósito. A sincronicidade será o elemento fundamental na jornada. Aqui vou convidar você a expandir a sua consciência.

Uma vez que conta com a ajuda do mentor, ele decide ir à busca da sua bem-aventurança, que nas estórias aparece como o "elixir", "o santo graal" ou qualquer outra expressão simbólica da conquista suprema, o herói chega à etapa que é a travessia do umbral ou portal. Além desses limites ele encontrará o desconhecido, os riscos da aventura. Já não pode contar mais com a segurança da casa e do "olhar paterno". Em geral, nesse estágio surgem os grandes embates e conflitos. É a dolorosa e solitária travessia do deserto em que se deixa para trás os relacionamentos antigos, o trabalho, a casa e faz-se, então, a ruptura, correndo-se o risco de perder todas as escoras. As novas formas de estabilidade ainda não se manifestaram e o herói passa por duras penas e sacrifícios. Portanto, prepare-se para esse capítulo.

Ao atingir mais uma etapa, o herói irá passar por testes e enfrentar os inimigos. Na verdade, esses são instrumentos que podem fortalecer o herói em sua jornada. Depende dele saber enfrentá-los. É a fase onde acontecem os grandes duelos. Surgem os dragões míticos e outras figuras que representam as forças contrárias, mas também surgem os aliados esperados ou inesperados que o apoiam em sua luta. Aqui você terá que confrontar os seus inimigos. Não tem jeito.

Tendo obtido êxito nos testes enfrentados e superado os obstáculos, o herói agora se aproxima do seu objetivo. Entretanto, ainda há de passar pela provação máxima. É o ápice da sua luta. Contudo, a provação suprema significa na verdade deixar de pensar em si mesmo, em seu próprio mundo e em interesses pessoais, para doar-se, colocar-se a serviço do outro e cuidar do bem comum. É atravessar outro limiar que implica a transformação da consciência. As provações surgem para ver se o pretendente tem condições reais de ser um herói. Será que você está à altura das tarefas? É capaz de ultrapassar os perigos? Será que você tem coragem, conhecimento e habilidade para servir? Convido você a refletir sobre essa etapa em sua vida.

Nos capítulos finais, você irá refletir sobre a melhor parte. Superada a máxima provação, a próxima etapa é a conquista da recompensa pela determinação. Aquele que enfrentou a fúria dos dragões alcança o elixir. Já não importam as feridas, o cansaço e desventuras vividas, reconhece que tudo valeu a pena. Foi para isso que transpôs o portal. Após ter atingido o seu objetivo, chega a hora de tomar o caminho de volta. É quando reflete sobre toda a sua trajetória. Aqui ele percorre os caminhos com outro olhar. Terá você novo olhar a partir desse ponto?

Ao retornar, o herói ainda se defronta com novos desafios. Porém, já se sente preparado e com facilidade vence os obstáculos, porque lança mão de tudo o que aprendeu ao longo da jornada. E, por fim, ele retorna com o "elixir". Já não é mais o mesmo. É alguém consciente que deu a vida por algo maior que ele mesmo. Ampliou a consciência. Foi tocado pelo Transcendente e se transformou. Agora é um sábio que compartilha sua história e o "elixir" da sabedoria para ajudar os outros a se tornarem melhores. Nesse momento de sua história o herói tem consciência de que a vida é mais profunda e ampla do que a concebemos. O que se vive é apenas uma pequeníssima fração de tudo o que se pode viver, de tudo o que somos. Como na história de Pinocchio, para se tornar "menino de verdade", isto é, um ser humano pleno, é preciso provar a coragem e doar a própria vida por uma causa!

Entendo que liderança é puro relacionamento. Ora, vivemos os sabores e dissabores da jornada, e à medida que refletimos sobre a nossa história saberemos também compreender os estágios da caminhada de cada um. E, assim, como líderes bem-aventurados, saberemos como apoiar e, como se diz, contribuir para o pleno desenvolvimento daqueles que caminham conosco.

A grande bem-aventurança se dará quando primeiro percebermos o herói que reside em nosso interior. Ele nos ajudará a dar significado a cada estágio da jornada e a compreender o fardo que carregamos. Isso pode ser suficiente para aliviar o peso. E assim, como líderes, entender a jornada do outro e ajudá-lo a fazer com consciência a sua própria jornada.

A vida é feita de símbolos e estórias, ou serão histórias? Para mim tudo é uma bonita história que contamos hoje, mas que há milhões de anos a humanidade já vem contando muito antes do surgimento das ciências. Na busca do entendimento da vida só havia uma explicação: as estórias com suas mitologias. Hoje continuamos a contar as histórias do mesmo modo. Reconhecer o mito de nossa vida, não pelos acontecimentos e pelo que está ao nosso redor, mas sim pelas experiências interiores, pode nos ajudar a sermos melhores e assim tornar a vida melhor para todos.

Se essa é uma missão para todos, muito mais para os líderes, pois *a quem muito foi dado, muito será pedido; a quem muito foi confiado, muito mais será exigido* (Jesus Cristo).

1

O escutar o chamado

Feliz aquele que intencionalmente cria o seu futuro. Alegrar-se-á ao sentir as forças da mente e do coração agindo a seu favor.

Quem não se inquieta com as transformações do mundo? Nesse cenário algumas competências são essenciais. Para mim, a principal e que faz caminhar é a consciência do propósito. Sabe-se da importância de planejar a vida, mas, na verdade, não se dá a atenção devida a isso. Quantos têm consciência de que as decisões tomadas hoje terão impacto no amanhã? Planejar implica também analisar o ambiente, os riscos e oportunidades, e parece-me que um bom-senso de percepção dos "sinais dos tempos". Indicadores como descontrole nas finanças, desorganização, indefinição de prioridades, desperdícios, falta de clareza nos objetivos e metas demonstram a ausência de planejamento. Repete-se na história de muitos a estória contada por Lewis Carroll em *Alice no País das Maravilhas*:

> *– Podes dizer-me, por favor, que caminho devo seguir para sair daqui?*
>
> *– Isso depende muito de para onde queres ir – respondeu o gato.*

> *– Preocupa-me pouco aonde ir – disse Alice.*
> *– Nesse caso, pouco importa o caminho que sigas – replicou o gato.*

Desse modo muitos vão deixando a vida levar para qualquer lugar, em geral pelos caminhos mais fáceis e mais cômodos. As instituições de ensino em todos os níveis ainda falam sobre a importância de se preparar para o futuro. Quantos estão dispostos a correr os riscos inerentes à criação do futuro? Quantos se empenham para vencer os medos e enfrentar as adversidades e conquistar os seus alvos? Os que desistem diante dos obstáculos e os que se acomodam não experimentarão o sabor da vitória, porque sequer ousaram. Ora, se agem assim com a própria vida, como poderão agir como líderes e gestores? Se não lideram a si mesmos, o que farão com as equipes e com as organizações? Estes não estão preparados para assumir as responsabilidades da liderança, porque tudo começa no indivíduo. Porém, quando se tem consciência do propósito, a pessoa saberá traçar os caminhos que a conduzirá ao seu objetivo, estabelecendo metas e se equipando para ultrapassar os obstáculos que surgirão. Também saberá ouvir a voz do coração. Pois é no espaço interior que brotam conselhos mais eficazes do que os prescritos nas teorias, e onde se obtém forças e coragem para seguir adiante. É do coração que brota a certeza de que em um mundo em transformação ter consciência do propósito é crucial.

Certa tarde preparava-me para ir ao evento de um cliente que estava vivendo o processo de transformação na cultura organizacional. Sabia que seria um momento memorável. Como estava com tempo fui comprar um presente para o diretor de recursos humanos. No táxi, fui refletindo sobre a grandeza do ser humano e as inúmeras possibilidades que há quando focamos a nossa energia, até que o taxista me alertou sobre um acidente e que tomaria outro caminho. Isso iria atrasar um pouco... Realmente é preciso ficar atento para o imprevisível e encontrar alternativas, pensei. O motorista sabia o melhor caminho, confiei e procurei relaxar. Era tudo o que podia fazer.

Estava ansioso para chegar ao Centro de Convenções. Felizmente cheguei a tempo de assistir ao final do discurso do presidente da empresa:

– Agradeço a todos vocês pelos excelentes resultados desse ano – dizia. Em especial agradeço a contribuição de Jorge, nosso executivo de RH. Sua postura crítica e consciente sempre me interpelando e me apresentando dados relevantes sobre a importância de se investir nas pessoas e promover os valores da nossa organização junto aos clientes, aos fornecedores, ao conselho de administração, à sociedade e, em particular, junto a todos vocês nossos colaboradores, foi decisiva para as mudanças ocorridas na empresa nos últimos tempos. Quero chamá-lo para receber a nossa homenagem.

Foi sensacional quando alguém aumentou o som com a música-tema do Ayrton Senna.

– Jorge, por favor... Você faz a diferença!

Naquele momento centenas de pessoas aplaudiram de pé o seu jovem diretor. Me juntei a elas, pois também aprendi a admirá-lo desde os primeiros contatos, quando fui convidado para atuar no desenvolvimento das lideranças da empresa. Foram muitas conversas onde me contou alguns episódios de sua vida. Certa vez me falou que nas rebeldias da adolescência questionou o modelo de avaliação do ensino e o comportamento autoritário de um professor, o que lhe causou uma suspensão. Ainda assim, mobilizou a turma e, ao final do período letivo, a escola substituiu o professor. Transgrediu a lei e pagou uma rodada de chope para comemorar.

Ao contrário de tantos da sua turma, estava atento aos acontecimentos e as possibilidades que via "nas entrelinhas da história". É certo, confessou-me, que sentiu grandes dúvidas sobre o que estudar. Contou que assim como dedicava horas olhando para fora buscando informações, conversando, questionando, também aprendeu a olhar para dentro. Aliás, reconhecia com gratidão que foi em casa que aprendeu a importância de olhar para fora e para dentro... e também aprendeu que todos têm uma missão a ser cumprida e que esta precisa ser descoberta o quanto antes. Transformou tudo em aprendizado até compreender qual era de fato a sua vocação. O que, segundo ele, não foi tão fácil. Em outra ocasião, compartilhou a dura experiência da perda do pai que o levou a assumir maiores responsabilidades na família, quando ainda era um estudante.

– Foram momentos muito difíceis, disse. A própria vida que chama para a missão se encarrega de preparar as ciladas e os obstáculos. Mais tarde compreendi que até a dor me possibilitou o pleno entendimento da vocação. Foi na escuridão que melhor pude olhar para dentro e fazer a travessia e chegar à luz.

Não me contive ao ouvir suas histórias e disse...

> *Feliz quem é movido pela esperança e em todo o tempo pensa e age positivamente. Entenderá a utopia como o ainda não realizado e canalizará toda a sua energia para fazê-la acontecer.*

Saí dos meus pensamentos quando passou o garçom com uma bandeja de chope... Lembrei-me de como os seus olhos brilhavam ao contar como aos poucos, nos momentos de silêncio e reflexão, foi desvelando a sua missão. E, apontando para o braço arrepiado, me disse que estava certo que seu propósito maior era trabalhar com gente, e como líder promover a transformação das empresas, humanizando as relações e fazer a diferença no mundo. O melhor sinal de que alguém descobriu a própria vocação é esse arrepio da alma e o brilho nos olhos... Quis saber mais e ele foi detalhando que à medida que tinha mais consciência de seu propósito ia traçando um plano para realizá-lo. Com lucidez, disse que a chave é manter viva a visão de futuro, e assegurou que a visão se torna uma luz para os passos, e os caminhos vão se abrindo à frente de modo que todas as decisões passam a ser guiadas por ela.

– E o que você fez?

– Aí, foi mais método, disciplina e determinação.

– Simples assim?!

– Na verdade não tão simples. Já sabia onde queria chegar – e ainda há muito que caminhar, ressaltou –; era, então, preciso definir as etapas e as respectivas metas.

– E como você fez?

– Trabalhei com um plano de ação eficaz. Há muito tempo

tinha aprendido que ao estabelecer metas elas devem seguir o modelo SMART.

– Ah sim!

– É bem prático: você sabe, elas devem ser específicas, mensuráveis, alcançáveis, relevantes e também considerar a variável tempo, assim fiz.

– Sim, trabalho com esse modelo. E daí?

– Então defini o que estudar, o que fazer etc., o porquê de cada ação, quando, onde, com quem poderia contar, que recursos seriam necessários, quais seriam os meus indicadores de sucesso e fui caminhando...

Percebi que ele usou o modelo 5W2H e pensei...

> *Feliz aquele que aprendeu que a consciência é causal. Será capaz de desenhar o seu futuro e suas ações determinarão a sua realização.*

Ele disse que o surpreendente era que, não obstante algumas dificuldades, tudo parecia ser favorável. É claro! Pensei com meus botões: as energias já estavam focalizadas e agindo. Ele intuitivamente tinha colocado de forma congruente as forças da mente e do coração a serviço do seu propósito e suas palavras e ações eram reflexos disso. Lembrei-me do que Jesus disse: "a boca fala do que o coração está cheio", e São Paulo com a sua sabedoria ensinou: "todas as coisas contribuem para o bem dos que amam a Deus". O universo conspira a favor. Não tenho dúvidas e com os meus pensamentos exclamei...

> *Feliz é quem destemidamente aspira atingir o impossível. Sua fé e suas ações o conduzirão ao seu alvo.*

– Sabe, Jorge, cada vez que te encontro vejo como brilham os seus olhos...

– Você acha mesmo?

– Não só isso, mas a maneira como você fala sobre o seu trabalho, sobre a sua vida...

– É que gosto muito do que faço e vou me empolgando...

– É muito bom te ver assim.

– Obrigado. Sou mesmo uma pessoa entusiasmada com o meu trabalho.

– Percebe-se naturalmente. Você sabe que a palavra entusiasmo significa em + theos, *que quer dizer, segundo o grego original, ter deus dentro de si?*

– Ah sabia sim. É por isso que gosto tanto dessa palavra e de me sentir assim, pois é essa energia que guia os meus passos.

No decorrer do programa de desenvolvimento das lideranças, falou sobre os desafios de como RH pode ser parceiro do negócio. O primeiro passo foi entender bem o negócio da empresa e construir a visão com a sua equipe de RH. O processo de construção coletiva de definição da identidade, da missão e dos resultados que gostariam de ter foi inspirador. A pergunta-chave que usou para mobilizar a equipe foi: como gostaríamos de ser conhecidos pelos nossos clientes? Fiquei muito feliz quando me chamou:

– Essa é mais uma etapa importante – disse – para a qual te convidamos.

– Importante por quê?

– Chegou o momento de sensibilizar todos os nossos gestores para a importância da prática dos nossos valores.

– Com certeza isso é muito importante, até porque se os valores não forem praticados, de nada servem. Só o fato de constar na estratégia e no hall *da empresa nada acrescenta à vida das pessoas...*

– Pois é isso mesmo que queremos: despertar a consciência de todos sobre o impacto disso nos resultados da empresa e na vida de cada um.

– Fantástico! Muito obrigado! Me sinto honrado de participar desse projeto. É um bom desafio para trabalharmos. Estou confiante que vai ser um sucesso.

E foi então, com muita alegria, que recebi o convite para participar da cerimônia e não podia deixar de comparecer, afinal, tinha participado do processo! Assim que consegui, me aproximei para dar-lhe um abraço e o livro onde havia escrito na dedicatória...

Feliz aquele que empreende a jornada da própria transformação.
Será reconhecido pela transformação que provocou ao seu redor.

Transformar a vida a ponto de dar à luz a si mesmo é sinal de maturidade. Alguns são prematuros, como o Jorge. Pois foi assim que percebi a sua força: havia nele um dínamo que o movia na direção dos seus sonhos. Esse estado de espírito é capaz de energizar o ser humano em toda a sua trajetória. Foi isso que disse Erich Fromm: "ter esperança significa estar pronto a todo momento para aquilo que ainda não nasceu e todavia não se desesperar se não ocorrer nascimento algum durante nossa existência". Soube aliar-se aos seus pares, compreender as necessidades dos clientes e os interesses dos acionistas, contribuir nas estratégias do negócio e suas ações têm marcado a vida de inúmeras pessoas. Quando se aprende a responder positivamente à vocação e se compreende que ela é um chamado a viver de forma consciente e plena o dom da vida, a jornada evolutiva já começou. A própria vida com todas as suas forças se encarregará de ajudar a cumprir o propósito, como mencionei no início deste capítulo. No entanto, é bom lembrar que construir o futuro é muito mais que sonhar ou "colar na parede a foto da casa dos sonhos" ou qualquer coisa semelhante. Exige empenho, exige disciplina, exige rigor e leveza, exige atenção e abertura... Enfim, quando o ser humano se abre às infinitas possibilidades e reconhece – e valoriza – as incontáveis dádivas de todos os dias, ele já está a caminho, como um peregrino que tira lições de cada passo da estrada.

Exercícios para compreender o seu chamado

Para instigar você a escrever a sua história, vou contar um pouco da minha experiência ao longo deste livro.

Para mim o chamado começou bem cedo, embora só tenha tomado consciência mais tarde. Quando olho para a história percebo que começou lá pelos dez anos de idade, talvez. Sempre me destaquei como aluno, numa vila chamada Cambiasca, em São Fidélis, lá no interior do Estado do Rio. Era natural ser representante de turma e participar como orador nas festas escolares. Sofri forte impacto quando aos quinze anos nos mudamos para a "cidade grande" de Niterói. Imagina sair de um lugar aonde a energia elétrica chegou quando eu tinha sete anos, televisão era privilégio de duas casas, e de repente conviver com outros jovens que sabiam muito mais do que eu... Mas em poucos meses lá estava eu como representante de turma e mais um pouco ingressando em um grupo da Igreja Católica e logo depois assumindo a liderança. Com vinte e um anos, cursando Administração e trabalhando, me envolvi em um trabalho social com outros jovens que, como eu, buscavam vida mais digna para todos. Estávamos lá, conscientes do nosso papel de agentes de transformação, mas sem perceber como toda essa experiência iria repercutir na caminhada profissional. E aqui estou contando muitas histórias, como essa que ousei colocar em versos:

Sobre a jornada

Como se diz por aí: nem parece...
Nem parece que já andei tanto,
E só agora começo a engatinhar...
Lembro-me que lá atrás era apenas uma trilha
Cercada de mato e densa poeira a cobrir os pés
E de onde se avistava apenas os morros sombrios
E nada mais...
Dos morros podia-se ouvir o canto das seriemas
Que mais parecia lamento e agouros...
Depois de tanto tempo ainda me lembro dos seus cantos,
Mas não identifiquei os agouros...
Talvez elas tentassem alertar para as pedras de tropeços
Que viriam pela frente...

Naquelas trilhas poeirentas e esburacadas,
Os tropeços e quedas eram quase inevitáveis
– belas desculpas – para quem não sabe ouvir as seriemas!
Hoje rio dos tombos, embora algumas dores permaneçam
Disfarçadas – é verdade –
Mas bem sei apontar naquelas trilhas mal-assombradas
Onde os coriscos me assustaram
E os sacis me machucaram...
Era tão perto de onde os canários e bem-te-vis cantavam,
E de onde os sanhaços apressados beliscavam nossas frutas
E os sabiás apareciam para cantar com os anjos
Que sou capaz de me confundir:
Será que os sacis aparecem
Nos mesmos lugares que os anjos?!!!
Ainda hei de descobrir...
Pois bem sei como canta o sabiá
E a voz dos anjos ainda ressoa em mim:
Nos mesmos caminhos de São José e da Virgem Maria:
Naqueles que tanto faz caminhar de noite,
Como caminhar de dia...
Nesses mesmos caminhos há sempre bem-te-vis...
Que estão a postos para lembrar que Alguém nos vê
E que somos bem-vistos...
Lá, de onde o rio faz a curva,
Podia-se avistar a grossa areia
Que nos deixava correr dentro d'água
E de onde se descia boiando
Vendo figuras fantásticas em um céu tão pequeno...
Via-se também o lado escuro e temido que jamais ficava raso,
Eram dois rios em um rio só:
E assim as águas corriam...
As trilhas foram se alargando...
Transformaram-se em estradas,
Ampliaram-se os horizontes,
E o rio virou mar,
E o céu se tornou maior...

Mas parece que, no fundo, nada mudou:
As seriemas continuam a cantar,
Os sacis a perturbar...
Aparecem os canários, sanhaços e sabiás
E os anjos a consolar...
E os graciosos bem-te-vis insistem em dizer
Que Alguém nos vê
E que somos bem-vistos.
E como dois rios em um só
Vou serpenteando pelos campos,
Ora manso, ora turbulento,
Cristalino e sombrio,
Vou vencendo os obstáculos
E alargando as margens
Até encontrar o oceano.
Um dia.

http://www.animah.com.br/qrcode/qrcode2.pdf

2

O recusar o chamado

Feliz é quem tem coragem para examinar e rever os seus pressupostos. Será autor de uma nova história com capítulos apaixonantes.

Todos conhecemos pessoas que se acomodaram na zona de conforto. Outros abriram mão dos seus sonhos supondo ganhar mais dinheiro, e ainda aqueles que não se realizaram porque se iludiram com o poder tão ambicionado. Será que isso aconteceu porque não souberam identificar o que era voz interior e o que era o canto das sereias? Ou será porque ainda não aprenderam o valor da vida?

O mercado de trabalho oferece inúmeras oportunidades e algumas se mostram mais atrativas. As empresas têm ampliado a oferta de benefícios e vantagens visando atrair e "reter" os profissionais. A ilusão do sucesso e, muitas vezes a qualquer preço, assim como a possibilidade de altos rendimentos têm desviado muitos do caminho da felicidade. Muitas situações fazem lembrar o mito das sereias que encantavam e hipnotizavam os navegantes com os seus cantos, que, atraídos, naufragavam e perdiam tudo. Veja o que conta Homero na *Odisseia*:

> *Agora escuta o que vou te dizer e que um deus há de recordar-te, um dia. Encontrarás, primeiro, as sereias que encantam a todos os homens que se aproximam delas. Aquele que, sem saber, for ao seu encontro e lhes ouvir a voz, esse não voltará para casa, nem a mulher e os inocentes filhos o rodearão, alegres; mas será encantado pelo seu canto sonoro. Elas estão assentadas num prado, junto de um grande monte de ossos de homens em putrefação, cujas carnes vão desaparecendo. Passa de lado e tapa os ouvidos dos teus companheiros com cera amolecida, para que nenhum deles as ouça. Tu as ouves, se quiseres, depois de te prenderem os pés e as mãos, ereto, junto ao mastro, e de teres sido ligado com cordas a ele, para que te possas deleitar com a voz das sereias. Se, porém, pedires e ordenares aos companheiros que te soltem, prendam-te, então, com mais ligaduras ainda. Depois que tiveres passado pelas sereias, não te direi com clareza qual dos dois caminhos deverás seguir; decide isso tu próprio no teu coração, que eu só quero falar-te a respeito de um e de outro.*

Os mitos continuam atuais... quantos ainda são atraídos pelas sereias do dinheiro, do poder e do sucesso fácil?! Lembro-me que há alguns anos estava assistindo a uma palestra de Betânia Tanure sobre Sucesso e Felicidade. Ela informou que na vida profissional 84% dos executivos não estão felizes! Na vida pessoal, 54%. No geral, considerando as duas dimensões em conjunto, 76% não se acham felizes! Tal informação provocou um burburinho:

– Isso é sucesso com infelicidade, disse.

– Soube também que o nível de satisfação com o trabalho é baixo para um grande contingente de trabalhadores – disse o colega ao lado.

– Agora vemos que no nível de executivos não é muito diferente.

– São dados assustadores. Imagina quem dedica a sua energia e recursos para viver, e depois descobre que o que mais importa não foi alcançado, deve ser terrível...

– Pior é pensar o que pessoas infelizes podem proporcionar aos outros...

– É mesmo... porque se liderar significa inspirar outros para atingir objetivos e que só se faz bem isso pelo exemplo, como pessoas infelizes podem liderar?

Interrompemos as nossas reflexões quando o auditório aplaudiu a palestrante.

– Você sabe, aqueles que seguem a voz interior não só são felizes como obtêm reconhecimento e retorno financeiro satisfatório.

– Não sei se você conhece Martin Seligman, ele atesta com suas pesquisas que felicidade causa maior produtividade e salário mais alto!

– Então, é melhor investir na felicidade...

– É verdade... Ele fez um estudo com jovens australianos ao longo de 15 anos e constatou que a felicidade mostrou-se fator indicativo de um emprego bem-remunerado.

– Como ele fez isso?

– Por meio da indução à felicidade e da posterior observação do desempenho, foram feitas tentativas de definir o que vem primeiro – a felicidade ou a produtividade – e chegou-se à conclusão de que crianças e adultos em estado de espírito positivo selecionam metas mais ambiciosas, têm um desempenho melhor e persistem por mais tempo.

– Atualmente há, cada vez mais, pesquisadores nessa área.

– Sinal de que é isso que importa...

Alguns, diferente de Ulisses e seus marujos, recusam-se a ouvir a voz interior e seguem as sereias. E pagam caro por isso. É preciso discernir sobre que voz seguir.

A vida sempre ensina a escutar. Uns apuram os sentidos e aprendem por amor a si mesmos e à vida, e outros, quando o fazem, aprendem pela dor.

Falava sobre isso. Era a noite de autógrafos do meu livro *Autoliderança – uma jornada espiritual*. Houve um momento de reflexão seguido por perguntas do público e uma fila enorme de pessoas querendo autógrafos. Esses são momentos memoráveis que me fazem lembrar de um aprendizado:

> Feliz é quem tem consciência dos seus dons e talentos e os coloca a serviço dos outros, cumprirá o seu propósito com alegria e será um auxílio para a realização de muitos. Essa é a missão da vida.

Marcelo foi o último da fila. Esperou todos saírem, pois queria mais que um autógrafo. Sentou-se e, meio hesitante, pôs-se a falar.

– Gostei da sua abordagem... Estou curioso para ler o livro...

– Muito obrigado. Espero que ajude em suas reflexões.

– Eu também. Preciso muito... estou com algumas dificuldades...

– Qual é o seu nome?

– Marcelo. Sou gerente em um banco de investimentos e ganho muito dinheiro, mas sou infeliz. O que devo fazer?

Sua voz estava embargada. Olhei em seus olhos.

– O que você quer para você, Marcelo?

Escutei seu silêncio e a resposta em forma de lágrimas. Ele não conseguiu prosseguir. A coordenadora do evento entrou e me chamou. Dei o meu cartão e pedi que ele fizesse contato comigo. Passaram semanas. Marcelo me fez pensar nas dores escondidas, reprimidas e que eclodem, muitas vezes ferindo outros, em geral, quem mais se ama. Quantos sofrem no trabalho e fazem sofrer em casa? E quantos sofrem em casa e carregam o seu sofrimento por onde andam? Quantos vivem a esquizofrenia de tentar separar "vida pessoal e profissional"? A maldição da fragmentação atinge o coração humano e o impede de viver a vida em plenitude.

Pensei...

> *Feliz aquele que, vencendo as dicotomias, sabe conjugar razão e emoção, matéria e espírito, arte e ciência. Sua inteireza se expressará em seu modo de ser e de influenciar pessoas.*

Certo dia Marcelo me ligou pedindo-me para conversar. Marcamos um café no Centro do Rio. Quando chegou, estava tenso.

– Diga-me o que te angustia – falei.

– Não sei por onde começar. Sinto-me sufocado. A pressão é imensa. A competição é tamanha que é quase impossível fazer amigos no trabalho. São metas absurdas e reproduzo o modelo, também pressionando. Chego em casa tarde e bebo toda noite para relaxar. Na maioria das vezes meu filho de três anos está dormindo. Minha mulher reclama e discutimos. O

que ela quer? Que eu largue o trabalho? Minha mãe adoeceu gravemente e mal tive tempo de acompanhá-la. Meus irmãos se aborreceram comigo. Acabei jogando tudo na cara deles: pago tudo, assumo até despesas que não deveria. A mulher que reclama também usufrui, pois acabei de dar um carro para ela...

Só tinha bebido um gole do café. Quando levou a xícara à boca sua mão tremia e derramou na camisa. Xingou um palavrão. Escutei o seu desabafo. Algumas vezes os olhos ficavam marejados. Secava-os com palavrões e pedidos de desculpas. Aos poucos foi se acalmando...

– O que você quer para a sua vida?

– Sei o que não quero. Não é essa a vida que quero. Não sou feliz assim. Tenho um bom cargo e ótimo salário com participação nos resultados que muitos invejam. Mas veja como estou...

– O que você sonha ou sonhou para você?

– Um dia pensei em ter a minha empresa. Estudei advocacia, mas fui trabalhar no mercado financeiro. Comecei a crescer e a ganhar dinheiro. Fiz uma pós na área. Aos poucos fui esquecendo o sonho. Você não imagina como é o ritmo do meu trabalho... Veio o casamento. Estava com 30 anos. Minha mulher e eu conversamos sobre recomeçar a vida. Aproveitaria o bônus que iria receber... mas logo veio a oportunidade de comprar um apartamento novo e lá se foi o dinheiro. É uma bola de neve...

– É preciso encontrar a sua essência Marcelo, quando a encontrar nada o abalará em sua trajetória. Enfatizei...

> *Feliz é quem mantém a sua essência desperta. Terá lucidez para agir em quaisquer situações.*

– Por onde começar?Já estou muito bem encaminhado. Começar tudo do zero? Não é fácil. Conheço bem o mercado...

– Marcelo, disse-lhe, procure pensar nas possibilidades e não se deixe escravizar pela mentalidade da escassez e da competição. Reflita. Escolha o caminho que irá te fazer feliz. E mais uma vez provoquei...

> *Feliz quem conscientemente define o rumo da sua vida e ousa dar passos ousados em sua direção. Transbordará de alegria por ter atingido patamares mais elevados.*

No final estava mais relaxado. Falou que já estava lendo o livro. Reconhecia a necessidade de investir no autoconhecimento. Conversamos por cerca de uma hora. Sugeri um processo de coaching. *Disse-lhe que seria muito bom para ele. Cerca de dois meses depois, recebi um e-mail do Marcelo agradecendo a atenção que lhe havia dado e informando que foi convidado para assumir uma gerência em São Paulo, com uma remuneração muito superior à que ele recebia e muitas outras vantagens que não podia abrir mão.*

Desejei-lhe felicidades. Fiquei pensando nas sereias...

Pois quem disse que elas não existem? Campbell disse que com frequência, na vida real, e com não menos frequência, nos mitos e contos populares, encontramos o triste caso do chamado que não obtém resposta; pois sempre é possível desviar a atenção para outros interesses. A recusa à convocação converte a aventura de herói em vítima a ser salva. Há, portanto, um desafio permanente: escutar a voz interior e segui-la, resistindo a outros chamados, cuidando para não se deixar iludir. Para concluir, lembro de Viktor Frankl. Sua experiência no campo de concentração lhe permitiu assegurar que a busca de sentido na vida é a principal força motivadora no ser humano. É preciso encontrar significado no trabalho e em tudo o que nos acontece, assim como é preciso identificar os caminhos que possibilitem a plena realização. Todos temos poder para isso. Entre a mediocridade que tantas vezes cria ilusão de realização e a motivação mais profunda que nos guia, é preciso sabedoria e determinação para escolher: nem sempre combater o bom combate é o caminho mais fácil. Diante das possibilidades que a vida oferece e das necessidades das pessoas, das organizações e da sociedade, como posso contribuir com os meus dons? Foi Frankl quem disse que a todo e qualquer momento a pessoa precisa decidir, para o bem ou para o mal, qual será o monumento de sua existência. Estou certo que quando se é um líder é preciso identificar com clareza a voz interior. E você, em que mastro se amarra para resistir ao canto das sereias? Precisamos nos amarrar no mastro dos valores e do significado da vida para nos sustentar, e assim evitar que nos corrompamos. Como diz um amigo, é só valorizar o que realmente importa.

Exercícios para rever a recusa

Você percebeu que em alguns momentos nos recusamos a ouvir a voz interior e seguimos outras vozes... E, cá entre nós, muitas vezes nos damos mal. Entender esse processo que acontece em nossa vida nos ajuda a superar e caminhar em direção aos nossos objetivos.

Pode ser que sua experiência tenha sido diferente da minha. O que dói é pensar no tempo perdido seguindo outras vozes e com ele se foram muitas outras possibilidades que poderiam ter sido realizadas.

Vou contar como isso se deu comigo.

Houve um momento que fiquei bastante acomodado, estava tudo muito bom no emprego, bom salário, benefícios e não olhei para a frente. Fiquei mesmo na zona de conforto e quando chegou a mudança foi um susto, não estava preparado... Quando olho para aquele tempo, percebo que muitos sinais me foram dados para investir em mim mesmo e buscar outros caminhos... mas essa zona de conforto é um terrível "canto de sereia" que pode nos levar a maus momentos... Ah! Se tivesse feito isso! Se tivesse agido assim! Por algum tempo me torturei com esses pensamentos e não fui o líder que deveria ter sido.

http://www.animah.com.br/qrcode/qrcode3.pdf

3

O encontrar-se com o mentor

Feliz aquele que ajuda o outro
a encontrar o seu próprio caminho. Será
sempre reconhecido como um líder
iluminado e iluminador.

A virtude da humildade é requisito para construir relações de aprendizado mútuo. Quantas vezes na vida desceu alguns degraus e isso fez de você uma pessoa melhor? Dos que julgam ter subido alguns quantos se lembram de inclinar-se diante daqueles que o ajudaram a subir? Interações são sempre uma troca onde somos aprendizes. Essa atitude de aprendiz é uma condição essencial para a convivência. Já encontramos com pessoas cujos ensinamentos fizeram diferença em nossa vida. E se bem lembrarmos, muitos desses ensinamentos vieram como experiências compartilhadas e histórias que nos contaram.

Porque...

Feliz é quem tem consciência do impacto que exerce na vida das pessoas. Influenciará toda a equipe com a virtude da humildade.

Em um grupo de estudos sobre educação, éramos quatro interessados no tema. Gravávamos as conversas para refletir depois, isso sempre nos enriquecia. Lembro-me de um momento especial:

– Não há ninguém como Paulo Freire, disse Sônia. Quando afirma que ninguém educa ninguém, ninguém se educa a si mesmo, que o aprendizado se dá no encontro, esse deveria ser lema de todo educador.

– Concordo, reiterou Lourdes. Anoto frases dele em minha agenda. Ouçam: "Não há docência sem discência. Quem ensina aprende ao ensinar e quem aprende ensina ao aprender. Ensinar inexiste sem aprender e vice-versa e foi aprendendo socialmente que, historicamente, mulheres e homens descobriram que era possível ensinar".

– Grande educador! Pena que pouco se pratica do seu pensamento. Para mim isso faz todo sentido, porque quem se dispõe a aprender tem que se perceber como inacabado, que suas verdades são relativas.

– Só aprendemos quando nos dispomos ao diálogo, ponderou Osvaldo. Quem julga saber tudo nada aprenderá e tampouco ensinará, porque lhe falta humildade.

– É o tal do arquétipo do mestre que contém em si também o aprendiz, porque todo aprendiz também é mestre. Brinquei.

– Isso é sério, retornou Sônia, já trazendo o pensamento do Morin. A educação é o caminho para restaurar a integridade e dignidade humana. Não para transmitir conhecimentos, mas para ajudar a responder às questões: "quem somos?", "onde estamos?", "de onde viemos?" e "para onde vamos?"

– Também é aprender a pensar. Desenvolver a consciência crítica capaz de avaliar o contexto e saber intervir, para transformar o que for necessário – emendou Lourdes.

– Sem dúvida – disse Osvaldo –, pois é isso que faz com que sejamos sujeitos e não objetos, e capacitados para decidir e agir com autonomia.

– Mas é preciso a consciência da interdependência, de que tudo está ligado a tudo, isso faz enorme diferença – completei.

– Por isso o Jacques Delors – retomou Sônia – enfatiza a importância dos quatro pilares da educação: aprender a conhecer, aprender a fazer, a viver juntos e a ser. Temos investido muito mais no aprender a conhecer e aprender a fazer, e pouco no aprender a conviver e a ser. Só desenvolver habilidades não é suficiente para se tornar sujeito.

– Vamos, então – disse eu –, retomar o tema da aprendizagem através do diálogo. Já que estamos convencidos de que esse é o caminho.

E assim prosseguimos. A nossa história e também os contos estão repletos de exemplos de encontros de aprendizagem mútua. Veja esse relato do relacionamento entre Harry Potter e seu mentor Dumbledore:

> *O diretor caminhou até uma poltrona diante da lareira, do outro lado da sala.*
> *– Sente-se, Harry –, disse ele, e o garoto obedeceu, sentindo-se inexplicavelmente nervoso.*
> *"Antes de mais nada, Harry, eu quero lhe agradecer", disse Dumbledore com os olhos novamente cintilantes. "Você deve ter mostrado verdadeira lealdade a mim lá na Câmara. Nenhuma outra coisa teria levado Fawkes a você".*
> *[...] Ouça, Harry. Por acaso você tem muitas das qualidades que*

> *Salazar Slytheryn prezava nos alunos que selecionava. O seu dom raro de falar a língua das cobras, criatividade, determinação, um certo desprezo pelas regras – acrescentou, os bigodes tremendo outra vez. – Contudo, o Chapéu Seletor colocou você na Grifinória. E você sabe o porquê. Pense.*
>
> *– Ele só me pôs na Grifinória – disse Harry com voz de derrota – porque pedi para não ir para a Sonserina...*
>
> *– Exatamente – disse Dumbledore, abrindo um grande sorriso. O que o faz muito diferente de Tom Riddle. São as nossas escolhas, Harry, que revelam o que realmente somos, muito mais do que as nossas qualidades.*

Cada pessoa encontra em sua trajetória o seu mentor. Aquela pessoa mais experiente que estende a mão para ajudá-lo a fazer a jornada e a desenvolver as suas potencialidades. Ao compartilhar as suas experiências e sabedoria, o mentor contribui para que o aprendiz desenvolva os seus dons e faça escolhas acertadas em sua caminhada. Ele sabe que...

> *Feliz é aquele que ensina a tomar decisões de forma consciente e a assumir-se como protagonista da história. Festejará quando os aprendizes superarem o mestre na arte da liderança.*

Isso é educação! Ajudar o outro a pensar, a assumir as responsabilidades com maturidade. O que é estimulante é que isso acontece no encontro, por isso é preciso respeito e humildade, tanto por parte de quem ensina quanto de quem aprende. São essas virtudes que nos ajudam a reconhecer o nosso próprio valor e o do outro e saber que todos somos mestres e aprendizes.

Ainda há certo ceticismo com relação à aplicabilidade dos valores humanos na gestão. Para alguns esse é o mundo da Poliana, tão contaminados que estão pelo alto nível de competição e individualismo que há nas empresas. Outros, porém, põem fé na capacidade de transformar o ambiente e já contam histórias que nos animam a prosseguir nessa missão.

E não são poucos os que acreditam no poder da educação!

Renata sempre demonstrou interesse em todas as minhas aulas sobre valores humanos, trazia questões pertinentes, artigos e livros que tratam do assunto. Compreendeu muito bem a emergência dos novos paradigmas e quis saber mais sobre os pressupostos da física quântica, da biologia e outros autores que pudessem auxiliá-la em sua monografia e, sobretudo, em seu desempenho como supervisora de equipes. Falei sobre Maturana e Varela, Capra, Morin, Willis Harman e outros da World Business Academy e do Institute of Noetic Science, além de Peter Senge e o seu grupo do Massachusetts Institute of Technology – MIT que tanto têm influenciado a gestão. E no Brasil autores como Francisco Gomes de Matos e Maria Luisa Mendes Teixeira, entre outros, têm contribuído bastante com essa reflexão. Contou-me de sua experiência profissional e como tinha chegado aos 25 anos à posição de liderança de uma equipe, cujos resultados vinham sendo elogiados pela direção da empresa onde trabalhava. Em uma das aulas me contou que tinha sido aprovada no processo seletivo para a vaga de supervisão em uma grande multinacional. Estava empolgada e ao mesmo tempo apreensiva pelos desafios que teria pela frente. Pedi que me mantivesse informado, pois estava certo do seu sucesso. Cerca de 30 dias após a sua contratação, ela me escreveu que estava muito feliz, porém, ainda assustada com o imenso desafio, pois suas responsabilidades eram muito supe-

riores às que tinha na empresa anterior. A empresa, no entanto, havia disponibilizado um mentor para auxiliá-la. Parabenizei a Renata e, como estava previsto um encontro com os alunos após a conclusão do curso, sugeri que comparecesse para contar um pouco da sua experiência. O encontro aconteceu três meses após essa troca de emails.

Já estávamos no bar quando ela chegou.

– Boa noite, galera! Peraí que tem beijo prá todo mundo. Tô poderosa!

– Garçom, traz mais um chope, por favor.

– Traz dois.

– Três.

– E aí Renata? Conta aí...

– Como é lá?

– Valeu a troca?

– Tem mais vagas?

– Posso mandar meu c.v.?

– Calma. Um de cada vez.

No meio das perguntas e risadas ela foi contando a nova experiência.

– A empresa tem um programa de mentoring *e o meu mentor trabalha há oito anos em uma área diferente da minha, conhece bem a cultura e os meandros da organização no Brasil e no exterior.*

– Como é esse processo? – perguntou um colega.

– Bem, recebi as minhas atribuições, responsabilidades e as metas. No começo, tivemos duas reuniões para conhecimento mútuo e ele me deixou à vontade para apresentar as minhas dúvidas e dificuldades.

– E o seu chefe?

– Não há problemas, pois ele também é mentor de outro. Faz parte da política da empresa.

– A empresa determina quem vai ser mentor?

– Sim e não.

– Como assim?

– Todos são voluntários. Mas é a área de gestão de pessoas que recomenda quem vai ser o mentor de quem, de acordo com o perfil. Assim, além das suas responsabilidades eles contribuem com o desenvolvimento das competências de colaboradores de outros setores da empresa. E acabamos por criar vínculos de confiança, relações transparentes são muito saudáveis, vocês sabem...

– Como ele age com você? – perguntou outro.

– Escuta bastante, me dá feedback *para corrigir o que precisa ser corrigido...*

– E vocês têm reuniões de quanto em quanto tempo?

– Por enquanto é semanal, e a cada reunião saio com mais um desafio. O que é estimulante, pois, definimos juntos, com o apoio do RH um plano de desenvolvimento pessoal com metas

para mim e para a minha área e o seu apoio tem contribuído para que possa atingi-las no período de um ano.

Interrompi um instante e disse...

> *Feliz é quem encoraja e desenvolve atitudes empreendedoras em seus colaboradores. Ganhará parceiros no negócio e rapidamente conhecerá os sinais do sucesso.*

Todos riram, concordaram e prosseguiram animados.

– Por quanto tempo terá o mentor?

– Até me sentir confortável. Por ora, sei que vou precisar. Nessa semana aconteceu um conflito com o supervisor de outro setor. Não foi fácil. Procurei por ele para saber como lidar com a situação. Ele me fez perceber que estava errada. Depois de muita conversa, procurei o colega, pedi desculpas e conseguimos chegar a um bom entendimento.

– Parabéns, Renata! É feliz quem reflete sobre os objetivos e consequências de cada decisão para si mesmo e para os outros, será chamado de prudente e reverenciado por seu equilíbrio. Quais são as suas perspectivas na empresa?

– Muito boas, professor. Estou aprendendo tanto que já sondei sobre o que fazer para que no futuro eu possa vir a ser mentora na organização.

– Muito bom!!! Você vai longe!

Concluí dizendo...

> *Feliz é quem incansavelmente busca a perfeição em sua vida em todas as dimensões. Verá os mais distantes sonhos correndo ao seu encontro.*

Eu me despedi e segui para outro compromisso. A turma permaneceu e já fora do ambiente eu ouvia as risadas. Como é bom aprender com essa turma! Tenho me esforçado para praticar o que um dia aprendi...

> *Feliz é quem se dedica a escutar ativa e sensivelmente. Ouvirá mais que sons, e compreenderá o sutil, o significado e o sagrado que subjaz em cada gesto, em cada expressão, em cada tom, em cada palavra.*

Escutar. Condição imprescindível para aprender e para ensinar. Portanto, para educar e liderar, já que o líder deve ser um educador. Desde a Antiguidade que se sabe que o processo hoje chamado de *mentoring*, é uma das abordagens mais poderosas de desenvolvimento. Na mitologia grega o nome Mentor refere-se ao escravo fiel de Ulisses, que lhe delega os cuidados de Telêmaco, seu filho, enquanto estivesse na guerra de Troia. Ele se torna responsável por incentivar a aprendizagem, apoiar com os recursos necessários e avaliar os resultados de acordo com o plano estabelecido. Como ele influencia na transformação de atitudes e desenvolvimento de habilidades, seu papel é importantíssimo para a gestão de pessoas. Um dos desafios é promover o alinhamento de valores e o entendimento da cultura da empresa. Como entendeu Jung, podemos dizer que o mentor personifica o arquétipo do velho sábio, pois, sendo conhecedor dos caminhos, ele se propõe a conduzir os inexperientes para a sua meta, alertando-os sobre os perigos e dando-lhes os meios para enfrentá-los. E o faz, como fizeram Dumbledore, Gandolff, Merlin e inúmeros outros sábios que provocam reflexões e mostram os limites ao mesmo tempo em que estão abertos ao diálogo.

São essas pessoas que cruzam os nossos caminhos, entram em nossa história com um propósito e nos deixam grandes ensinamentos, para que aprendamos e nos tornemos seres melhores até nos tornarmos mentores de outros.

Desde os primeiros anos da infância criamos diálogos com amigos imaginários, conversamos com brinquedos e tiramos lições dos contos de fada que inventaram para nós. Como há aquelas experiências que considero fabulosas, como a de uma amiga que diz que o seu grande conselheiro é o seu cachorro, e ela afirma que muito do que ela é se deve aos grandes diálogos que estabelece com o bicho, pois, segundo ela, é preciso ter humildade para aprender com todos, inclusive com os animais. E não é que é verdade?

Exercícios para identificar o mentor

Em minha história muitos mentores apareceram e eu, na época, não os reconheci. Hoje os reverencio. Dá para escrever um livro só contando histórias sobre eles.

Coleciono alguns que fizeram toda a diferença em minha vida. A primeira mentora chama-se Marlene Rangel, a conheci quando estava com oito anos e depois a reencontrei aos catorze. Foi minha professora. Posso afirmar que o gosto pelo estudo, leitura e até a liderança devo a ela. Na juventude quem melhor mostrou o caminho para mim foi Carlos Henrique Carrilho Cruz, grande amigo que liderava o grupo de jovens, um verdadeiro mestre que me abriu a mente para muitas outras possibilidades. E ao longo do caminho apareceram tantos outros – como presentes do céu – que sem eles não seria o que sou hoje: Roberto Crema na Unipaz, Stanley Kripner que em um único workshop *provocou uma transformação, os companheiros da Associação dos Dirigentes Cristãos de Empresa, em especial Heitor Chagas de Oliveira e José Alfredo Sertã – verdadeiros sábios. E com certeza absoluta o encontro com os moradores do Morro do Jurumenha em São Gonçalo, RJ. Na convivência com eles aprendi a escutar, a respeitar o tempo e o ritmo do outro, que o bem comum é que deve determinar todas as ações e que não precisa de muita coisa para ser feliz. Os pobres dão aula de solidariedade e alegria!*

Se você caminhou bem até essa etapa da jornada, prepare-se para o que vem pela frente.

http://www.animah.com.br/qrcode/qrcode4.pdf

4

O atravessar o portal

Feliz aquele que aceita correr os riscos para atingir o seu alvo. Será premiado pela atitude e arrastará muitos com o seu exemplo.

Na jornada do herói, que é a de todos nós, há um momento decisivo que exige uma atitude de coragem. Quem ousaria romper com tudo o que construiu para começar, qual um andarilho, uma nova jornada?

Certa vez conversava com um amigo sobre os desafios que enfrentamos na vida. Nós tínhamos passado por experiências que, na ocasião, nos abalaram bastante.

– Você se lembra? – perguntou-me.

– Como não?! As cicatrizes estão na alma e ainda doem.

– Sinto algo parecido. Mas, acho que agora é uma dor diferente...

– Sabe, meu amigo, hoje, até valorizo essa dor. Sem ela não seria o que sou.

– É verdade. Também sinto isso. O que passamos ajudou a ampliar a nossa consciência e a ter nova visão das coisas.

– Na ocasião, parecia que não havia saída. Eu mesmo nem conseguia compartilhar o que estava vivendo. Só mesmo com você.

– Vivíamos situações muito parecidas. Foi um momento de grande mudança.

– É mesmo, foi uma difícil ruptura... a gente se sente muito sozinho.

– Mas isso já é passado... valeu a pena! Agora somos mais maduros. Foi como passar pelo fogo para sair melhor. Ou se queima ou sai depurado.

– Até queima um pouquinho. Só chegamos aqui porque persistimos em nosso propósito.

E a conversa tomou outros rumos... Mais tarde fui entender que nas mitologias de todos os povos esse momento aparece como a transposição de um umbral, ou ainda como em ritos de passagem que possibilita o jovem ingressar no círculo dos guerreiros adultos. Para romper com as amarras, o herói percorre um longo e tortuoso deserto, onde se envolve em duras batalhas e o maior dos confrontos é sempre consigo mesmo.

Você já ouviu a expressão "a noite escura da alma"? Acho que é uma boa tradução feita por São João da Cruz. De forma poética e mística ele quis dizer que para se chegar à iluminação temos que passar pela escuridão. Parece duro e é. O ser humano precisa se desapegar de tudo que o prende e enfrentar o caminho tenebroso que leva à luz. Você sabe o que a tradição judaico-cristã relata em suas Sagradas Escrituras a respeito da libertação do povo hebreu da escravidão no Egito? Todos os anos os judeus celebram a Pessach, fazendo a memória desse acontecimento. Também os cristãos a recordam na Páscoa, dando-lhe novo significado, após a passagem da morte para a ressurreição de Cristo.

Nessa história, Moisés é chamado por Deus para libertar o povo e conduzi-lo pelo deserto – o que levou quarenta anos – até chegar à terra prometida. Enfrenta resistências, lamúrias e perseguições e com coragem atravessa o portal, quando o Mar Vermelho se abre à sua frente.

> *Perseguindo com todos os cavalos e carros do Faraó, os cavaleiros e o exército os alcançaram quando estavam acampados junto ao mar, em Piairot, diante de Ball Sefon. Quando o Faraó se aproximou, os filhos de Israel levantaram os olhos e viram que os egípcios avançavam atrás deles. Cheios de medo, clamaram a Javé e disseram a Moisés: "Será que não havia sepulturas lá no Egito? Você nos trouxe ao deserto para morrermos! Por que nos tratou assim, tirando-nos do Egito? Não é isso que nós dizíamos a você lá no Egito: deixe-nos em paz, para que sirvamos aos egípcios? O que é melhor para nós? Servir aos egípcios ou morrer no deserto"? Moisés respondeu ao povo: "Não fiquem com medo. Fiquem firmes e verão o que Javé fará hoje para salvar vocês. Nunca mais vocês verão os egípcios, como estão vendo hoje. Javé combaterá por vocês. Podem ficar tranquilos".*
>
> *[...] Moisés estendeu a mão sobre o mar, e Javé fez o mar se retirar com um forte vento oriental, que soprou a noite inteira: o mar ficou seco e as águas se dividiram em duas. Os filhos de Israel entraram pelo mar a pé enxuto, e as águas formaram duas muralhas, à direita e à esquerda. [...] Então o povo temeu a Javé e acreditou nele e no seu servo Moisés.*

Você notou que o mar se abriu em um imenso portal? Acho fascinante essa história tão repleta de símbolos! Moisés é o líder que abriu mão de todo o conforto que tinha na corte egípcia e assumiu a responsabilidade de construir, junto com o seu povo, uma nova sociedade. Sofreu as amarguras do deserto, mas com destemor atravessou o portal da liberdade rumo à nova terra, isto é, a uma nova consciência e novo modo de viver a vida. Dele e de qualquer outro ser que trilha esse caminho pode-se falar:

> Feliz quem confia na Providência Divina. Caminhará com segurança em todas as estradas da vida.

Há milhares de anos o ser humano trilha essas estradas. Nesse tempo, passou por vários estágios e rupturas para avançar para novos patamares de consciência. Esse processo evolutivo só ocorre porque o ser humano se sente impelido por uma forte necessidade. Mas, também subjaz em cada pessoa o anseio por uma nova terra. O que nos move senão o desejo de algo que tenha significado e nos realize?

Essa busca tem dirigido os nossos passos e a vida vai sinalizando por onde passar. Ora enxergamos os sinais, ora não. As pontes, obstáculos, túneis e portais também estão à nossa frente convidando-nos a ultrapassá-los com empenho e persistência. Vez, por outra, a gente se surpreende com o que encontramos no caminho.

Eis o relato de alguém que, com determinação e coragem, fez a travessia.

Recebi esse e-mail do Eduardo Farias no dia 20 de outubro de 2011:

Querido Robson,

Peço desculpas pelo longo e-mail, mas gostaria que o lesse na íntegra para entender a importância do assunto para mim. Foram meses em um estudo árduo sobre o que elaborar como monografia para o MBA em Gestão de Pessoas.

Houve de tudo no curso: empreendedorismo, gestão por competência, direito, sustentabilidade, projetos, enfim, uma "penca" de disciplinas que para mim foram apenas mais um aprendizado em meio a tantos cursos já realizados ao longo da vida militar, acadêmica e profissional (é, já cheguei aos 41 com uma estrada intensamente percorrida! – e por que não dizer: vivida em sua plenitude?!). Mas, dentre tantas disciplinas, somente a que você administrou deixou uma marca em mim, fez a diferença e alcançou meu propósito de fazer um curso em gestão de pessoas.

Não gosto de psicologia. Considero muito difícil entender o ser humano. Talvez por isso tenha encontrado como minha alma-gêmea uma psicóloga, com a qual casei e formei minha família, hoje com uma filha de 7 anos. E que descobri esta semana ter sido sua aluna e conhecer sua consultoria por meio da empresa onde trabalha.

Sou cartesiano. Ou ao menos dizem que sou. Meu mundo sempre foi de Exatas. Números e equações são como simples letras para uma escrita. Técnico em química, especialista militar em eletrônica fina, engenheiro eletrotécnico, especialista em telecomunicações , 13 anos de engenharia no mundo do petróleo, e eis que um dia nada valia a pena. Dinheiro, facilidades, bons benefícios, viagens, um bom bônus, PL,..., nada mais me fazia feliz, além do custo tempo x família x vida x amigos que isso tudo me causava.

Naqueles anos, por três vezes tive de mudar minha rota para um cardiologista porque sentia o braço e a face adormecer, tendo duas destas ocorridas em menos de dois meses. Numa destas vezes, o médico que me atendeu não tocou em mim e nem ao menos pediu qualquer exame adicional. O que fez foi passar duas horas num consultório – acredite, foram duas horas! – falando sobre o mundo corporativo, o *stress*, e do quadro para um infarto que estava se formando. E que poderia ter sido fulminante para mim aos 39 anos. Mas não sabia lidar com esta outra face do mundo: ser humano.

E assim, acabei provocando meu vice-presidente me negando a agir contra meus valores e fui demitido, recebendo tudo o que deveria de direito (ou quase tudo).

Desde então, minha vida empacou, pois não encontrei o alicerce que precisava para retomar minha vida pessoal e profissional. Meu próprio casamento esteve num buraco, antes, durante e depois de ter saído da última empresa, e não conseguia ver solução, apesar de NUNCA ter desistido de tentar melhorar, o que não conseguia entender. Passei dias tentando entender meus erros ao longo da vida profissional e como esta pode ter repercutido em minha vida familiar. Não achava respostas...

E foi sua aula que causou uma mudança em tudo, pois enxerguei um elo entre o homem e ser humano que sou. Meu casamento se tornou melhor e estamos resgatando a alegria que sempre tivemos em nossas vidas e que há 5 ou 6 anos havia desaparecido. Somos felizes!

Li muito. Dezenas de livros, artigos, *papers* e descobri o que realmente quero ser: humano. E que ser assim é muito menos complicado do que parece ser. Foram cerca de 5 meses lendo e buscando entender este universo tão obscuro pra mim. E parei o meu mundo para fazer isso com dedicação.

Hoje, concluí minha monografia. Fiz tudo sozinho. Ninguém a leu até agora, exceto minha esposa que leu as páginas pré-textuais e assim reconheceu seu nome. Apesar de ter estudado muito, não sei se o texto tem o conteúdo correto, se está na formatação adequada, se a conclusão está coerente etc. A nota é necessária e as correções e comentários serão bem-vindos de todos. Mas, na verdade, lá no fundo mesmo, pra ser bem sincero, não têm a menor importância pra mim.

Ter concluído este estudo sobre algo tão adverso a mim foi a obra de minha vida. Já plantei várias árvores. Já tive minhas filhas. E agora escrevi aquele que será “o livro” pelo qual serei lembrado – pois ninguém acredita que escolhi esta temática. Dão até risadas. Talvez faça um mestrado para dar continuidade a esta obra, que não criei, mas que muito compreendi o significado ao longo dos estudos realizados.

Eis então uma "coincidência" divina. Neste domingo, dia 22/10/2011 completam dois anos que estou afastado do mundo corporativo. Recluso em muitos pensamentos. Justo quando termino a minha monografia... O mundo amanhã será outro. Despertará diferente. Não importa se igual para muitos. Para mim, será diferente.

Na segunda-feira, encontrarei as portas que mencionei anteriormente ir em busca, mas que por algum motivo não realizei. Hoje, sei que era o tempo que precisava para me encontrar. Faltava algo. Faltava...

E eu somente posso dizer-lhe: – Obrigado! Você fez despertar em mim a busca por encontrar um ser humano melhor para mim e para o mundo.

Quanto à monografia, sentirei honrado por seus comentários e espero em breve poder revê-lo. Um chope, um café, um bom uísque; um churrasco, um almoço; um bom restaurante ou mesmo num bar "pé de chinelo", a qualquer hora lhe telefonarei para um convite e sinta-se à vontade para proceder do mesmo modo, se assim o achar adequado.

"Acredito que o objetivo da vida seja a busca da felicidade. Isso está claro. Quer se acredite em religião ou não, quer se acredite nesta ou naquela, todos nós buscamos algo melhor na vida. Portanto, acho que a motivação da vida é a felicidade" (Dalai Lama XIV).

Mais uma vez, obrigado!

Um grande abraço,

Eduardo Farias

À medida que lia o coração tremia. Não sabemos o impacto de nossas palavras nas pessoas... o que teria acontecido naquelas aulas para provocar tanto?! É verdade também que não seria assim se o Eduardo não estivesse pronto. Aceitei analisar a monografia.

Cerca de três semanas depois nos encontramos para conversarmos e apresentar os meus comentários.

– Parabéns, Eduardo, pela escolha do tema "Fundamentos da Liderança Espiritual e suas contribuições para as Organizações". Excelente pesquisa bibliográfica.

– Como você deve ter observado na introdução, não foi tão fácil para mim. Foi um desafio estudar o assunto. Toda a minha formação é cartesiana. Engenheiro. Militar. Trabalho em empresas de alta tecnologia. Enfim, tive que repensar muita coisa. Os meus paradigmas eram muito distintos e, você sabe melhor do que eu, que mudar os nossos modelos mentais é muito difícil. Foi uma verdadeira revolução dentro de mim.

– Imagino. Você fez um ótimo trabalho. Na verdade, tenho apenas algumas recomendações... Marquei as frases e parágrafos e fiz as anotações correspondentes. Reveja o que grifei. O conjunto está muito bom. Reescreva alguns textos para adequar a linguagem acadêmica, e recomendo tirar as frases que são desnecessárias para o escopo do trabalho.

– Ok. Vou fazer os ajustes e envio para sua revisão final.

– Estou à disposição. Fiquei muito sensibilizado com o seu e-mail e o seu convite e homenagem. Não tenho palavras para agradecer a você.

– Há outro aspecto muito importante: mais que um trabalho acadêmico, tudo isso provocou uma grande transformação em minha vida.

– Como assim?

– Como te escrevi, dediquei-me nos últimos meses não só a estudar, mas principalmente a fazer uma revisão de tudo em minha vida. Afastei-me dos amigos. Investi para restaurar a vida conjugal e familiar. Foi um processo muito dolorido. Vivi um grande deserto. Muitos momentos de solidão, de reflexão, mas precisava fazer essa travessia na vida pessoal e profissional.

Pensei...

> *Feliz quem tem coragem para romper com os velhos paradigmas e aceitar novas ideias. Ganhará a medalha de honra ao mérito pela autenticidade.*

– Você ainda não está trabalhando?

– Estou abrindo a minha empresa para atuar no mercado financeiro. Faltam apenas alguns trâmites burocráticos.

– E em que a pesquisa que você fez vai contribuir com o seu empreendimento?

– Em muita coisa. Concluí que nos dias de hoje as pessoas buscam cada vez mais relacionamentos com indivíduos melhores e éticos, e que possuam alguma relação com os seus princípios e valores. O autor Louis W. Fry afirmou que as teorias sobre liderança sempre foram desenvolvidas priorizando algum aspecto do ser humano, mas sem incluir o elemento espiritual. E isso faz toda a diferença.

– É verdade. Falamos muito sobre isso em nossas aulas.

– Pois isso me despertou a atenção e quis me aprofundar mais na temática.

– Cada vez mais se amplia a consciência de que trabalhar os valores, o significado do trabalho e tudo o que está relacionado à dimensão espiritual traz grandes benefícios para as pessoas e organizações.

– Também percebo que as empresas que possibilitam maior consciência dos valores dos seus funcionários apresentam melhor desempenho que aquelas que só investem no que é tangível.

– Isso mesmo! Porque é o intangível que assegura o tangível e não o contrário.

– Cheguei à conclusão que a liderança espiritual tem sido considerada como um elemento estratégico diferencial, e uma grande vantagem competitiva da nova era empresarial, e é esse o caminho que quero seguir.

– Muito bom! Estou convencido que esse é o caminho. Me dê notícias sobre sua empresa. O que acha de almoçarmos agora? – Convidei.

– Poxa! Não vai dar. Marquei com o meu pai. Sabe, há dez anos que não nos falamos. E faz parte do meu projeto de vida me reconciliar com ele. Ainda está faltando isso e celebrar o Natal com toda a família reunida.

Seus olhos "cartesianos" ficaram vermelhos e marejados. Engoli as minhas lágrimas e nem consegui dizer...

> Feliz aquele que ampliou o seu olhar e agora enxerga sistemicamente. Saberá enfrentar a realidade, decifrar as sutilezas e os efeitos das estruturas no comportamento humano e nos resultados da organização.

Mas não importava. Acho que no abraço transmitimos muito mais um ao outro. Soube logo depois pela universidade que a monografia foi aprovada com louvor.

Faz um ano que tivemos esse encontro. Liguei para o Eduardo e pedi autorização para contar a sua história.

– É claro que autorizo e me sinto lisonjeado!

– E como estão as coisas no trabalho, na família...?

– Tudo ótimo! Celebramos o Natal todos juntos, vivi o melhor dos dias dos pais esse ano junto com o meu pai, e já estou caminhando muito bem com a minha empresa. Já firmei contratos de parceria com duas grandes corretoras de valores para atuar em educação financeira e em assessoria de investimentos. É hora de seguir em frente. Trabalhar, refazer minhas finanças. Levar meu conhecimento àqueles que necessitarem. Buscar nas organizações a oportunidade de disseminar a educação financeira como parte do RH. Bater em muitas portas e ligar aos amigos, e mesmo aos inimigos, se assim o forem, e buscar as oportunidades. Ir aonde os "grandes" não querem ir.

– Como é bom ouvir isso! Então, dá até para dizer que valeu passar por tudo... porque é feliz quem valoriza e integra as dimensões física, mental, emocional e espiritual, vai experimentar a arte de viver em plenitude em todos os lugares.

Viver como um ser inteiro. Livre de todas as fragmentações e amarras que dificultam a plenitude. Que processo penoso! Entretanto, se não agirmos com o coração, para fazer a travessia do "mar vermelho" que se abre à nossa frente indicando o caminho da liberdade, podemos morrer no caminho sem experimentar as delícias que a vida pode nos oferecer. Também será preciso extrema persistência. O deserto tem os seus perigos. A solidão pode parecer suicídio. E muitos sentem saudades até das "cebolas do Egito", isto é, dos tempos da escravidão.

> Feliz é quem ascendeu para um novo patamar da consciência. Será o artífice da transformação das empresas em comunidades vivas.

Ao transpor os umbrais, ninguém é mais o mesmo de outrora. Torna-se desbravador de novas fronteiras, a começar por si mesmo e como líder irá provocar a transformação no ambiente onde atua.

Quando li a monografia abordando a espiritualidade aplicada à liderança, me lembrei da história contada por Leonardo Boff. Certa vez, disse ele, estava participando de um painel com o Dalai Lama e o provocou questionando qual seria a melhor religião, esperando que respondesse o budismo. E, em sua sabedoria, o Dalai Lama afirmou que a melhor religião é aquela que faz com que a pessoa se torne uma pessoa melhor. É assim que entendo a espiritualidade!

Eduardo percebeu que espiritualidade é tudo aquilo que produz uma mudança interior, e, como um ser que se dispôs a enfrentar as tempestades do deserto, compreendeu qual é o seu papel no mundo: como ser humano e como líder. Ajudar as pessoas a fazerem a sua travessia e a compreenderem a conexão que há entre espiritualidade, liderança e os resultados do negócio. É claro que é preciso agir com o coração, isto é, com coragem!

Exercícios para auxiliar na travessia

Se percebermos, tanto na mitologia quanto em nossa própria vida (que é seu reflexo) há uma série de fases pelas quais o herói passa para realizar essa travessia. Assim também tem sido comigo e pode ser que com você também.

Já passei por algumas e sei que virão outras travessias. O que se espera é que, depois de tantas, passemos pelos portais com maior serenidade. Uma das que considero mais marcante foi essa:

Aconteceu quando estava com trinta e seis anos e fiquei desempregado, com dois filhos. Sabia-se, na época, das dificuldades de recolocação de profissionais com mais de quarenta anos de idade e isso me inquietava. O que fazer quando chegar a minha vez? Tinha estudado, como muitos, para ser empregado e a minha experiência em gestão de recursos humanos me fazia sentir uma grande limitação para ser um empreendedor. Meses antes tinha assistido a uma palestra sobre empregabilidade que me fez analisar minhas competências e decidi arriscar. Tinha sido convidado para ser sócio em uma consultoria e vencendo todos os temores aceitei. Não tinha capital para investir. Vendi o apartamento e foram tempos difíceis. O apoio da minha mulher foi fundamental. Para superar as dificuldades de ingressar no mercado tivemos que inovar. Penso que fizemos diferença com responsabilidade social, promovendo palestras gratuitas sobre empregabilidade e cafés da manhã com respeitados palestrantes, e cuja renda era destinada para uma instituição que cuidava de menores de rua. As atividades proporcionaram networking, *visibilidade e respeitabilidade para com o nosso trabalho e conquistamos clientes e, mais que isso, parceiros e amigos na jornada. Daí, muitas lições aprendidas e histórias para contar...*

http://www.animah.com.br/qrcode/qrcode5.pdf

5

O enfrentar os inimigos

Feliz é quem tem uma razão de ser e de existir. Viverá cada dia com devoção e vencerá todos os obstáculos para cumprir a sua missão.

Conta-se que na Idade Média, após passar por duras batalhas e derrotar os inimigos, um guerreiro retornava para o seu castelo. Sentia-se cansado, mas triunfante. Algumas feridas ainda doíam, mas nada se comparava ao prazer da conquista. De peito aberto marchava com o seu alazão entoando cânticos de vitória. De repente avistou um guerreiro altivo vindo em sua direção, seu porte arrogante demonstrava ser mais um inimigo. Seu rosto era protegido por uma magnífica máscara de ferro e seu escudo reluzia com os raios de sol. Empunhava uma lança como jamais ele vira e sua voz se propagava como trovões na grande planície gritando impropérios, como se pretendesse destroná-lo com seus brados.

E antes que se aproximasse, o guerreiro ferido gritou para saber de onde vinha "o insolente guerreiro".

– Da sombra que tu não enxergas, infame aventureiro – disparou o outro.

– Não pensas que irás me enganar com as tuas charadas – retrucou.

– Pois permaneças então na tua escuridão e eu te derrotarei em instantes – gritou enquanto aproximava empunhando a terrível lança.

– Tu não me assustas com tuas falácias e esta lança forjada na mentira, pois que venhas para o duelo que será o teu fim.

– Mesmo ferido ousas desafiar-me? Não conheces o meu poder.

– Não caio em tuas artimanhas insidiosas, arrancarei a tua máscara e acabarei com as tuas bravatas.

– Antes exterminarei com a tua alma intolerante e preconceituosa.

Após tantos insultos, enfrentaram-se bravamente.

Os sons das espadas estalavam e retiniam naquele duelo de vida e morte. Num súbito salto o guerreiro ferido derruba o adversário soberbo e rolam pela terra digladiando-se como feras. Até mesmo os cavalos interromperam os relinchos assistindo a luta cruenta. Com uma agilidade descomunal o guerreiro ferido imobiliza o adversário que se entrega e pede para não ser morto, jurando-lhe lealdade por todos os dias. Eis que ao retirar-lhe a máscara vê o próprio rosto e num relâmpago desaparecem cavalo e cavaleiro. Assombrado com a misteriosa peleja, o guerreiro refugia-se na floresta por anos a fio. Dizem que reapareceu no castelo tempos depois como um sábio iluminado.

Você já passou por poucas e boas e também conhece outros que passaram por duras provações. Imagina quando elas aparecem como "inimigos" pretendendo nos atrapalhar! Minha experiência me mostrou que nada se compara com os "inimigos" que moram dentro de nós mesmos. Pois eles fazem parte da jornada. O que fazer para enfrentá-los?

Podemos dizer que é...

> *Feliz quem se dedica a cultivar as próprias forças. Energizará o seu coração e o de toda a equipe para vencer as fraquezas e barreiras do caminho.*

Do contrário, como subsistir às forças opostas que surgem para derrubar quem persiste em alcançar o cume? Os inimigos podem surgir de todos os lados, até disfarçados de amigos. Chegam e indicam atalhos e vantagens tentadoras. E aí, já viu, não é? Se cairmos em sua lábia... Mas, como disse, pior são aqueles que estão dentro de nós. Esses são arqui-inimigos! Já saí muitas vezes arranhado desses combates. Agem com tanta sutileza que nem percebemos que caímos em suas ciladas. Só nos damos conta quando chega a dor. E quantas vezes nos recusamos a reconhecê-los?!

Pois veja essa história que ilustra o que quero dizer:

> *Hallward interrompeu a pintura e fitou longamente Dorian Gray. Depois, olhou também demoradamente o quadro, mordiscando a extremidade de um dos seus enormes pincéis e franzindo as sobrancelhas.*
>
> *– Acabei – exclamou por fim. E, curvando-se, escreveu o seu nome em grandes letras a vermelhão no canto esquerdo da tela.*

> *Era, de fato, uma obra de arte maravilhosa. A semelhança com o original era de igual modo extraordinária.*
>
> *[...] Que tristeza! – murmurou Dorian Gray, continuando a fitar o retrato. – Que tristeza! Vou ficar velho, e horrível, e medonho. Mas este retrato permanecerá eternamente jovem. Precisamente como neste dia de junho. Se pudesse dar-se o inverso! Ser eu eternamente jovem e o retrato envelhecer! Daria tudo para que isso acontecesse! Tudo o que há no mundo! Daria a própria alma!*

Esse trecho é da obra-prima de Oscar Wilde: *O retrato de Dorian Gray*: Na história o Dorian faz um pacto com o diabo para que todos os sinais de degradação do seu corpo e do seu caráter não aparecessem nele e sim no retrato, enquanto ele permaneceria belo e jovem para sempre. Pacto feito. Dorian esconde o quadro no porão. Vez por outra vai averiguar como estaria se não tivesse feito o pacto e sente repulsa de si mesmo diante da terrível visão.

Interessante como o autor revelou na figura do Dorian a nossa própria figura. Porque é isso que costumamos fazer: nos mostramos como "belos" e escondemos tudo o que nos envergonha: medos, fraquezas, ambição desmedida, sentimentos de competição e inveja, atitudes desonestas, raivas e ciúmes e tantos outros comportamentos que dificultam a caminhada rumo à plenitude. Jogamos tudo no inconsciente – o nosso "porão". Jung chamou isso de Sombra. Lá estão também guardadas as nossas crenças limitantes. Nossos inimigos que estão à espreita, nos sabotando! Encará-los não é nada fácil. Quantas vezes quis extirpar a Sombra da minha vida! Por isso a negamos, ela nos deixa embaraçados, com remorso... é melhor não assumi-la como parte de nós. Mas, não tem jeito....

esses "inimigos" nos desafiam, assim como nos limitam e podem impedir que completemos a nossa jornada como deveríamos. Mas quem prefere olhar para o retrato degradado ao invés de olhar a suposta beleza tão elogiada? Quem assume a responsabilidade pelos seus atos ao invés de procurar culpados? Quem se dispõe a rever suas atitudes pessimistas, camufladas de realistas? Quem enfrenta os pontos fracos do próprio caráter ao invés de julgar os outros? Quem confronta os seus preconceitos que afastam da convivência de tantos? Como diz um amigo: o diferente se torna insuportável porque representa uma ameaça, representa o que não suportamos em nós mesmos, por isso é melhor nos livrarmos deles.

Somente uma tremenda força interior para vencer tais inimigos.

> Feliz aquele que acolhe as próprias feridas e se reconcilia consigo mesmo sem projetar sobre os outros as suas dores. Compreenderá as fraquezas e limitações humanas e saberá promover a concórdia.

Tenho aprendido muito desde que passei a visitar o meu porão. É melhor encarar os próprios defeitos que projetá-los nos outros. É melhor assumir as próprias fraquezas que enxergar no outro o que desprezamos em nós. Estou certo que isso tem me ajudado a conviver melhor. Aprendi que os defeitos do outro deixam de ser um problema quando tenho que cuidar dos meus. Integrar a Sombra é tomar consciência de quem somos e nos libertarmos do seu domínio. É só visitar o porão que o ego inflado vai para o seu devido lugar. Aí aprendemos como lidar com o outro.

Nesse sentido, preste atenção neste relato de uma reunião de *coaching*:

William chegou com cara de poucos amigos, me cumprimentou secamente e sentou-se à minha frente.

– Suponho que já recebeu a orientação sobre o processo de coaching *com o diretor de recursos humanos – disse-lhe.*

– Devo lhe dizer que acho esse processo desnecessário. Mas como a empresa está investindo no desenvolvimento das lideranças e contratou o serviço para todos os gerentes, sou obrigado a participar.

– Compreendo o que sente.

William permaneceu calado e sacudia a perna direita sem parar.

– Sentiria o mesmo se estivesse no seu lugar.

– Você não concorda que deveria ser direcionado só para quem precisa?

– De algum modo sim. Mas como se trata de desenvolvimento de competências, sempre temos algo a aprender e melhorar, você não acha?

– É... faz sentido.

Por alguns instantes parou de sacudir a perna direita e começou com a esquerda.

– Então que tal aproveitar o investimento da empresa?

Levantou-se de repente e foi até a janela. Parecia observar a rua. E de costas para mim prosseguiu:

– Tive a impressão que era uma espécie de terapia para quem eles consideram problemáticos.

– *Não, William.* Coaching *não é terapia.*

– *É o que então?*

– *É um processo de desenvolvimento de competências de acordo com que a empresa definiu nesse momento e também com vistas ao que você almeja alcançar. Você deve ter planos para a sua vida...*

– *Não suporto esse negócio de terapia.*

– *Percebo que não está tão confortável para você.*

William sentou-se, cruzou as pernas e inspirou fundo.

– *O que pensa de aproveitar esse tempo para conversar sobre aspectos do seu trabalho que podem ser melhorados? Poderia também aproveitar para tratar dos seus projetos, onde pretende chegar...*

– *Tenho mesmo algumas coisas a dizer.*

– *Sinta-se à vontade. Tudo o que conversarmos ficará entre nós. Esse espaço é seu... Estou aqui para ajudar na reflexão.*

William ajeitou seu corpo para frente e sorriu.

– *Esse é o meu segundo emprego. Trabalhei dez anos na empresa anterior onde cheguei ao cargo de gerente. Estou aqui há dois anos como gerente comercial.*

– *Como era na empresa anterior?*

– *Um ritmo muito pesado. As pessoas só eram valorizadas pelo que apresentavam de resultados e para mim foi uma grande escola. Quando fui promovido passei a trabalhar direto com os donos e tinha autonomia para cobrar e decidir quase tudo.*

Claro que eles tinham que aprovar. Mas, em geral, me davam o seu aval. Embora um dos sócios fosse muito difícil.

– Se entendi bem, você gozava da confiança deles. Me fale sobre a pessoa que você disse ser difícil. O que ele fazia?

– Ah, só ele estava certo e queria impor a sua vontade sem querer saber a nossa opinião.

– Entendo. Apesar disso, vocês se relacionavam bem?

– De certo modo sim, até porque eu entregava o que eles queriam. A minha equipe batia todas as metas. E logo que assumi a gerência tratei de colocar ordem na casa e fazer tudo que o meu antecessor deixou passar. Me dedicava inteiramente ao trabalho, sem hora para sair. Meu foco era bater as metas. Acho que por isso fui convidado para trabalhar aqui.

– Se eu perguntasse à sua equipe anterior como eles viam você, o que acha que me responderiam?

– Diriam que eu conhecia muito bem o negócio e que dominava o mercado, afinal foram dez anos atuando no segmento. Acho que iriam dizer também que às vezes os tratava com rispidez. Os outros gerentes iam me elogiar. Também, só podiam, porque eu vivia resolvendo os problemas que eles criavam. Embora um deles talvez dissesse que o que eu queria mesmo era aparecer. Acho que ele morria de inveja de mim.

– E como está aqui nesses dois anos?

– Cheguei com o desafio de organizar a área comercial. Acho que vou me especializar em arrumar a casa. A equipe passava por uma situação muito ruim. A empresa vivia um desgaste com os clientes e os resultados estavam aquém dos objetivos.

– O que você fez?

– Depois de conhecer o segmento, recebi carta branca. Reestruturei a equipe e nesses dois anos já ampliei o número de clientes. Faltava mesmo alguém com pulso e com atitude mais agressiva.

– Fale um pouco mais sobre a "situação ruim" da equipe. O que havia?

– Havia intrigas entre eles e com outros setores. Um deles se mostrou logo de cara muito abusado.

– O que ele fez?

– Ele quis dominar a situação e não deixava mais ninguém falar, a toda hora fazia intervenções, mesmo quando o assunto não era a respeito do seu trabalho.

– E, para você, o que faz nessas situações um gerente com pulso? Explica melhor para mim, o que faz alguém com atitude agressiva?

William mais uma vez se levantou e gesticulou:

– Não tem medo, mete a cara e faz acontecer. Coloca a turma para trabalhar. Fica em cima. E, se preciso, vai à luta para bater as metas.

Ofereci água. Ele sentou-se e pediu café.

– Se for até a equipe atual e conversar sobre você, que qualidades eles me dirão que você tem? E o que você acha que eles dirão sobre o que precisa ser melhorado em você?

– Acho que vão dizer que agora eles têm direção. Antes estavam soltos. Mas devem reclamar que sou duro na cobrança.

Não passo a mão na cabeça. Os gerentes certamente vão dizer que deveria ser mais político. E tem um ou outro que deve dizer que sou negativo demais.

– Você concorda com isso?

– Acho que não.

Ficou por alguns instantes em silêncio, tomando o café.

– Para falar a verdade tem horas que precisava ser mais político. Não sei se sou negativo como ele diz.

– Deixa entender melhor: na sua opinião o que faz alguém quando é "político"?

– No meu entender se relaciona com todos. Pode até abrir mão de alguma coisa do seu interesse para priorizar o relacionamento. Tem hora que acho que até acontece certa demagogia ou hipocrisia.

– Entendi. Pessoa política é aquela que valoriza o relacionamento. E o que faz o "negativo"?

– Quem sempre reage de forma negativa. Só que a gente precisa ver o que eles querem, não dá para dizer sim a tudo...

– E você age sempre assim?

William ficou longo tempo em silêncio. Bebeu a água bem devagar sem me olhar.

– Sabe, percebo que eles podem ter um pouco de razão... Mas tem hora que não vejo sentido em muita coisa que eles me trazem.

Não podia falar, mas como gostaria de dizer...

> Feliz aquele que encontra significado no seu trabalho e em tudo o que lhe acontece. Atrairá para si e para todos ao seu redor bênçãos, vitórias e prosperidade.

– Me fale agora o que imagina para o seu futuro.

– Ah, meu sonho é trabalhar em uma empresa com uma equipe que trabalhe com o coração! Aqui, como antes, tenho que cobrar quase que o tempo todo. E outra coisa: que os gerentes trabalhem de forma integrada, porque, para falar a verdade, essa é uma turminha complicada. Tem sempre alguém para puxar o tapete do outro.

– Me fale como age uma equipe que trabalha com o coração.

– É comprometida. Não preciso cobrar. Todos sabem o que têm que entregar e entregam. A merda é ter que ficar no pé o tempo todo. Ninguém toma a iniciativa para resolver as coisas, esperam que eu decida ou que a solução caia do céu. Me irrita quando não apresentam os relatórios perfeitos.

– Entendo. Apesar de atingir as metas, se sente desgastado com as cobranças que tem que fazer.

– Isso! Ainda bem que me entende! Aqui, até se fazer entender é difícil, sobretudo entre os gerentes que só pensam neles. Com alguns nem dá para conversar.

William cruzou as pernas e se recostou com as mãos por trás da cabeça.

– Como devem ser os relatórios para serem perfeitos?

Ajeitou-se novamente e sacudiu as pernas.

– Simples. É só fazer de acordo com o modelo que defini. O pior é quando nem os gerentes agem de maneira correta. Não entendo como a empresa mantém como gerente um cara que não tem atitude...

– Ok. Voltemos aos gerentes. Fale sobre esse que não tem atitude. O que ele faz para você dizer isso?

– Percebo pela equipe dele. Deixa as pessoas à vontade e está sempre brincando com o pessoal, conversa com um e com outro como se fossem todos amiguinhos... Isso acaba gerando fofoquinhas... Tem gente falando que lá o clima é melhor e que trato assim, assado...

Refleti com meus botões...

> Feliz aquele que se interessa pela vida dos seus colaboradores e demonstra confiança e gratidão no dia a dia. Suas atitudes gerarão a energia dinamizadora da equipe.

– William, isso é uma oportunidade para você desenvolver o quê?

– Como assim?

– Se entendi bem, você identificou pontos críticos na equipe e também em seus pares. Digamos que esteja diante de dois desafios: o relacionamento com a sua equipe e também a sua interação com os gerentes. Se o problema está do lado de fora, o que você precisa fazer para lidar com essa situação?

– Primeiro a equipe precisa aprender a trabalhar direito e segundo os gerentes precisam aceitar mais as minhas ideias.

– Ok. Isso depende deles. E de sua parte? O que você precisa fazer?

William se levantou outra vez e voltou a olhar pela janela.

– Hummm... Talvez ser mais leve com a equipe e, estou pensando agora, também mais inovador.

– O que você pretende fazer para ser assim?

– Muitas vezes entro de sola, já chego cobrando. Preciso entendê-los melhor, preciso conversar, escutá-los para compreender as situações, suas queixas, enfim, mandar menos e escutar mais.

– E inovador?

– Posso chamá-los para opinar sobre o que melhorar nos processos, como beneficiar os clientes e aumentar a participação no mercado.

Pensei...

> Feliz é aquele que envolve os colaboradores na elaboração das metas e na definição dos métodos. Caminhará com pessoas entusiasmadas e comprometidas com os resultados.

– Deixa ver se entendi: você acha que se escutar mais e envolver a equipe nos processos sob a sua responsabilidade haverá melhoria no relacionamento e também nos resultados, é isso?

– Você entendeu bem. E acho que com os pares preciso ser mais político mesmo.

– Pois é, William...

> Feliz é quem busca a felicidade do cliente interno. Sorrirá ao ver os clientes externos contagiados pela excelência do atendimento.

– Faz sentido...

– Como você entende bem de objetivos e metas, proponho que reflita sobre o que conversamos e estabeleça que competências você precisa desenvolver, ok? Traga isso para a próxima reunião. Trabalharemos juntos com o que você trouxer.

William se retirou. Fiquei pensando na distância entre o que somos e o que queremos ser. Está aí um desafio que me coloquei: olhar para mim mesmo e identificar essa distância, ao menos assim tenho podido dar alguns passos na direção de onde quero chegar. É muito mais fácil olhar a fragilidade alheia e nem percebemos que projetamos nos outros as nossas próprias vulnerabilidades. Observamos do lado de fora o pior que há em nós. O "quadro de Dorian Gray" tão bem guardado se torna um terrível inimigo, fazendo com que desperdicemos energias para preservar as nossas "perfeições". No entanto, pode também se tornar um excelente amigo, se nos ajudar a ser mais humildes e assim também aceitar os erros e fraquezas dos outros.

Assim podemos dizer...

> Feliz é quem busca o autoconhecimento e antes de tudo procura dominar a si mesmo. Conquistará respeito, admiração e credibilidade pelos seus atos e decisões.

Aceitar a própria dualidade é condição para ser inteiro. Só assim o "inimigo interior", aquele que nos sabota e nos limita, pode se tornar nosso amigo de verdade e nos levar ao crescimento. Do contrário, pode nos arrastar para o porão e tomar conta de nós. Igual a história do médico e do monstro que você conhece. Ambos nos habitam. Somos divinos e diabólicos, trevas e luz. Triste é quando não reconhecemos o nosso lado sombrio, não é mesmo? Mas, com desenvoltura o vemos claramente no outro e julgamos com facilidade, ora escondemos nossos preconceitos, ora os revelamos de forma descarada, buscamos culpados e bodes expiatórios, remoemos nossas culpas e vergonhas e não percebemos que, ao negar a Sombra, não facilitamos a própria evolução. A Sombra nos desafia: O que precisamos transcender? O que temos a desenvolver em nós mesmos? Olhar para o retrato escondido no porão não é fácil, mas é a saída. E precisa mesmo da bendita força interior. Pois sem ela como ser o líder de verdade?

> Feliz aquele que se dedica a cultivar com afinco as virtudes para se tornar mais humano. Terá força suficiente para enfrentar as adversidades e será fonte de inspiração para a equipe.

Exercícios para confrontar os inimigos

Perceba a sua trajetória e veja que, assim como aconteceu comigo, você também tem algo a contar.

Certa vez passamos por situações críticas na consultoria que na época atuava também com recrutamento e seleção. Alguém maldosamente publicou um anúncio com vagas inexistentes e formou-se uma enorme fila de candidatos. Até explicar o que acontecera foi um transtorno. Houve ainda um anúncio que a consultoria estava à venda. Esses são sinais de que incomodávamos. Mas, os maiores inimigos estão em nosso interior e resolvi enfrentá-los. Aliás, continuo enfrentando porque, vez por outra, voltam a atacar. Recorri à terapia quando senti necessidade e mergulhei no autoconhecimento. Espantei alguns deles e os chamei de demônios. Um dia escrevi sobre eles:

Meus demônios

Malditos demônios que me atormentam
E insistem em me dividir
Em sua dia-bólica missão de fragmentar
E expor meus pedaços que mal tinha colado...
Guerra infinda entre trevas e luz,
Ora trevas
Ora luz
Ora penumbra com anseio por luz
Ora luz que espanta as trevas
Ora trevas que atrai luz
Diabólico duelo
A mutilar-me a alma
Afundando-me na sombra que se esparrama
Gargalhando das minhas contradições!!!
Malditos demônios
Que nem anjos traiçoeiros riem de mim
Disfarçando-se de ilusões
Fazendo-me besta estúpida a acreditar em seus brilhos...
Tarde demais.
Sempre tarde demais para perceber que as trevas brilham...
Mágicos fantásticos a reluzirem nas trevas
Inebriando-me com o fulgor ilusório
Da radiante, risonha e soberana sombra
Que se apodera de mim.
Onde estava a luz que não vi?
Onde ao menos estava a memória da luz que não vislumbrei?
Malditos demônios que me cegam!
Malditos demônios que me enganam!
Malditos demônios que me despedaçam!
Malditos demônios que me atordoam!
Malditos demônios que me perturbam!

Que me fazem ver a cor das trevas
Que me fazem conhecer a magia da ilusão
Que me fazem experimentar os meus próprios pedaços
Que me fazem sentir falta da imensa luz
Que me fazem saber quem eu também sou:
Benditos demônios!

Não tem como fugir. O melhor caminho é reconhecer as fraquezas que podem nos derrubar. Diante dos inimigos a principal questão é: Que forças e habilidades preciso desenvolver? Se assumirmos que também somos essa Sombra, seremos até capazes de bendizê-la, porque ela nos humaniza. Será que não é esse o caminho para nos tornarmos mais tolerantes e compreensivos? Se prestarmos mais atenção em nós mesmos, não fará sentido nenhuma forma de preconceito ou julgamento do outro. Pois como disse Jesus: "antes de tirar o cisco do olho do seu irmão, tira a trave que está no seu".

http://www.animah.com.br/qrcode/qrcode6.pdf

6

O contar com os aliados

Feliz é quem enxerga longe e sabe para onde caminha. Contará com aliados e chegará ao seu destino sem se perder nos atalhos.

Criado na roça, Antonio aprendeu a cuidar dos animais acompanhando o trabalho dos boiadeiros. Passava horas ouvindo as histórias e não tirava os olhos dos gestos e movimentos que cada peão fazia no curral e nos pastos. Tantas vezes riram dos seus olhos arregalados, que lhe apelidaram de "Zoio". Esbugalhava tanto que enxergava coisas que ninguém mais via. Não atentavam que ele também esticava as orelhas, senão seria também apelidado de "Zoreia". Ele nem ligava. Foi assim que aprendeu a distinguir os diferentes mugidos. E lá corria porque era pedido de socorro do bezerrinho; e galopava mais rápido porque a vaca berrava de dor; e descrevia suas aventuras com tantas minúcias que, quando lhe perguntavam onde aprendera tanto, tão moço que era, Zoio respondia: foi a lida, gente, foi a lida, de minha parte foi só ficar de tocaia, na espreita, sem deixar passar nada.

Se ficarmos com a atenção desperta igual ao Zoio, também perceberemos muito mais. Quantas vezes, ao longo do caminho, estivemos atentos e percebemos a ajuda que chegou de forma inesperada? Sem falar nas pessoas que estão sempre presentes. Mas o que nos surpreende mesmo é aquele que chega na hora certa e que sem essa ajuda tudo seria diferente... Seria coincidência?

Veja só essa estória que me contaram:

> *Um homem encontrou em seu caminho uma charrete virada, que atrapalhava a passagem. O camponês que conduzia a charrete pediu ao viajante que lhe ajudasse a colocar a charrete no lugar.*
> *– Como é que apenas dois homens poderiam virar uma carga tão pesada como essa charrete? – pensou o homem – e então disse ao camponês:*
> *– É inútil... eu não posso.*
> *O camponês ficou furioso e disse-lhe:*
> *– Você pode, mas não quer! Esta é a verdade: você não quer!*
> *Tocado pelo que dissera o camponês, o viajante pôs-se ao trabalho. Procurou umas pranchas e ajudou o charreteiro a deslizá-las sob as rodas. Depois, servindo-se de uma alavanca, os dois homens conseguiram levantar a charrete. O camponês afagou os bois, e depois de colocar a carga novamente no lugar, preparou-se para continuar o seu caminho.*
> *O viajante então disse ao camponês:*
> *– Posso seguir um pouco do caminho ao seu lado?*
> *– Com prazer!*
> *Começaram a andar lado a lado. Depois de um momento de silêncio, o viajante perguntou:*
> *– Como você pôde pensar que eu não queria ajudar-lhe?*
> *– Eu pensei, porque você disse que não podia. Ninguém sabe se não pode fazer antes de tê-lo tentado.*
> *– Mas como você pôde pensar que eu poderia fazê-lo:*
> *– Assim que percebi que você havia sido colocado no meu caminho!*

> – Então você acredita que sua charrete virou exatamente no momento que eu passava apenas para que pudesse ajudar-lhe?
> – E por que outra razão seria, meu irmão? – respondeu o camponês".

Assim é a vida: nossos caminhos estão sempre sendo cruzados, ora para recebermos ajuda, ora para sermos os auxiliadores de quem precisa. Em geral, nesses momentos mais críticos, "quando a nossa charrete vira" é que aparecem "os aliados". Uma vez, num bate-papo, esse assunto surgiu:

– Você acredita que nada é por acaso? Para mim são coincidências. Disse Alex, o mais cético do grupo.

– Pois estou certo que nada é por acaso – afirmei.

– Eu também, disseram juntos Luisa e Bruno.

Alex ficou encurralado de tantos contra-argumentos e nós ríamos de como se irritava com nossos argumentos.

Eu mesmo insistia.

– Já passei por tantas experiências e ouvi tantas histórias que não acredito mais em coincidências nem acasos.

– Pois ainda duvido, disse Alex. – Vocês misturam esoterismo com questões práticas e criam estórias para justificar.

Enquanto beliscávamos uns tira-gostos, tentei fundamentar.

– Olha só, Alex, depois que estudei o que Jung pesquisou e que estudiosos da Física Quântica e Biologia dizem, fiquei mais convencido.

– E o que ele disse?

– Não dá para explicar tudo aqui. Mas foi ele quem cunhou o termo sincronicidade para explicar as "coincidências significativas", que são aqueles eventos que não têm relação de causa e efeito, e acontecem justamente quando precisamos. Não percebemos porque estamos inconscientes, ou marcados demais pelo racionalismo, mas se estivermos conscientes perceberemos o quanto isso acontece em nossa vida.

– Precisaria entender mais isso para me convencer – continuou Alex em sua postura reativa. – Eu e Eduardo já conversamos muito a respeito e achamos que em termos científicos há muito pouco sobre o assunto.

– Quem é Eduardo? – perguntou Luisa.

– É um amigo que estuda no exterior.

– Então – disse eu– leia o livro *Sincronicidade* de Jung. E aproveita para convidar o Eduardo para conversar conosco quando ele retornar de sua viagem.

– Tem outras pesquisas relacionadas à Física Quântica, Alex, que você deveria estudar – disse Luisa. Procure ler os livros do Amit Goswami e do Capra.

– Será que não estão inventando tudo isso? – insistiu Alex.

– E se quiser aprofundar leia *Sincronicidade* do Jaworski. Aposto que ele te convence.

Pedimos mais uma rodada de chope.

– Vamos lá, Alex. Quem sabe o chope abre a sua cabeça? – disse Bruno – Tá vendo, gente? – prosseguiu. – Como o pensamento mecanicista é tão reducionista que nos impede de enxergar além das coisas?! A teoria quântica já demonstrou que o que chamamos de real não é assim tão objetivo quanto pensamos. Na verdade é a nossa percepção que é a realidade.

– Alex, você já assistiu ao filme "Quem somos nós?" Você vai ver cientistas explicando bastante coisa do que falamos aqui – complementei.

– E vocês já ouviram falar do biólogo chamado Rupert Sheldrake? Ele fala sobre os processos de comunicação e ressonância dos campos morfogenéticos... ah, não entendo muito disso. Mas quando assisti à palestra dele no Congresso Holístico Internacional da Unipaz, fiquei impressionada...

– Cara, tudo é energia. Está tudo aqui ao nosso redor. É só estarmos atentos e abertos que vamos captar...

– Viu só Alex, precisamos aprofundar o assunto.

– Não é só aprofundar racionalmente, é se permitir. Concordo com a Luisa, devemos ficar mais atentos aos sinais.

Nesse instante o celular do Alex tocou e ele atendeu com a maior expressão de surpresa.

– Vou sim, amigo – ouvi quando disse. – Te pego aí daqui a pouco. Pessoal, preciso ir até o aeroporto pegar um amigo.

– Por acaso é o Eduardo? – perguntou Luisa.

– Ele mesmo. Por quê?

– Nada não, Alex. Que coincidência, não é mesmo gente!!!

E completei...

> Feliz é quem despertou a consciência e tudo aproveita como oportunidade, crendo que todas as coisas são possíveis. Contará

> com o auxílio dos *insights* e dos aliados que a sincronicidade da vida oferece.

Alex terminou de beber o chope, deixou a sua parte do dinheiro na mesa e despediu-se. Ficamos rindo. Ainda tomamos a saideira brindando a sincronicidade.

É preciso expandir a consciência para acolher o auxílio que pode chegar até de forma sobrenatural, como disse Campbell. Aliás, nos contos de fada e mitos que conhecemos, é assim que eles surgem: o mago, a fada, o sábio, o anjo, figuras que aparecem no caminho para ajudar o herói em sua jornada. Eles estão muito mais presentes que a gente pensa.

Há pouco tempo estava facilitando o alinhamento de lideranças de uma empresa de comércio e serviços de tecnologia. Eram oito gerentes com ótima formação. Em uma das atividades, convidei-os a compartilhar experiências significativas tendo como referencial a jornada do herói. O objetivo era proporcionar não só autoconhecimento, mas também conhecimento mútuo.

Os relatos aqui sintetizados tem a autorização dos participantes.

Bem, gente – começou Patrícia, gerente de marketing *e relacionamento com o cliente –, acho que a minha história tem a ver com isso que ouvimos. Saí do interior de Minas e vim sozinha para o Rio para realizar o meu sonho. Não foi fácil vencer a resistência dos meus pais. Fui criada em uma família conservadora. Imagina uma jovem sair de casa sozinha. Os meus pais falavam o tempo todo "o que os outros vão dizer" e até o meu irmão mais velho colocou um monte de obstáculos. Estava determinada. Queria estudar, trabalhar em cidade grande, conhecer outras pessoas. Queria me formar em* Marketing. *A faculdade mais perto de onde morava ficava a duas horas de distância e não tinha o curso que queria. Não sabia como iria conseguir, mas sabia bem o que queria. Uma amiga aqui do Rio me acolheu em seu apartamento. Mas o lance incrível aconteceu na viagem para o Rio. Quando saí de casa foi uma choradeira só, além da cara feia do meu pai. Mesmo sabendo que estava buscando a minha felicidade. Fui até BH e lá peguei o ônibus para cá. Estava ansiosa e de repente estava chorando. O passageiro ao meu lado era um senhor, parecia ser mais velho que o meu pai. Ele percebeu e perguntou se podia ajudar. E, sabe, quando me dei conta tinha falado tudo para ele. Ele me escutava com a maior atenção e sorria gentilmente para mim. Para encurtar, o Dr. Antunes me convidou para trabalhar como secretária em seu escritório de advocacia. Trabalhei três anos e nesse período fiz a faculdade. Depois, ele mesmo me indicou para a área de* marketing *de um cliente, fiz a minha pós e hoje estou aqui com trinta e dois anos, devendo muito a ele. Não foi o aliado enviado por Deus?*

– Só um comentário Patrícia – disse eu...

> Feliz aquele que, a despeito das críticas, mantém firme o compromisso com os seus ideais. Atrairá seguidores comprometidos com a mesma causa.

– Tento passar isso para a equipe – respondeu Patrícia. – Sabe que por causa disso outros jovens da minha cidade estão

também buscando realizar os seus sonhos? Volto lá de vez em quando e dou a maior força. Já dei até palestras no colégio sobre a minha profissão!

O grupo que ouvia com atenção aplaudiu a colega.

– Muito bem! Quem fala agora? – perguntei.

– Eu posso – começou Marcelo, o gerente financeiro.

Tive experiências fortes em minha vida. Comecei a trabalhar muito cedo como office-boy *e ralei para chegar até aqui. Dá para imaginar que sofri muito preconceito, não dá? Meus pais me educaram para ter orgulho da cor e diziam que a honestidade devia estar acima de tudo e que a honra está no caráter. Muitas vezes senti revolta na escola e nos primeiros anos de trabalho. Eram piadas preconceituosas e outras coisas que nem gosto de lembrar. Sabia que tinha que superar e mostrar do que era capaz. O caminho que escolhi foi estudar. Abri mão do futebol e de muitas outras coisas. Quase não saía de casa. Tinha que passar no vestibular para uma universidade pública. Quando fui aprovado para Economia na Federal, foi a maior festa. Desculpem-me. Até hoje choro...*

Nesse instante, Patrícia ofereceu um lenço de papel. Todos permaneceram em silêncio.

Marcelo agradeceu e prosseguiu:

Não sabia que Dona Silvia, a minha chefe, me observava. Quando contei que tinha passado no vestibular, ela me chamou e falou: "Marcelo, desde que você entrou aqui com dezesseis anos venho te observando. Sua responsabilidade e agilidade para resolver as questões e a forma de tratar a todos chamam a atenção. Estou feliz com o seu desempenho e a sua conquista. A partir de hoje vai começar como auxiliar na área financeira e com o tempo estou certa que vai longe". Quando concluí o curso já era supervisor. Fiquei dez anos lá. A empresa cresceu e cresci junto. Mas chegou o tempo de buscar novos desafios. Dona Silvia se aposentou. Nem tenho palavras para agradecer a ela. Fico emocionado.

Mais aplausos e lenços de papel.

– Bonita história, Marcelo! – exclamei.

Podemos refletir que...

> Feliz é quem valoriza e reconhece o potencial e o desempenho dos seus colaboradores. Criará um clima de harmonia e satisfação que será fonte permanente de riqueza.

– Vou ser breve – disse Ronaldo, gerente de tecnologia.

Considero que minha maior superação foi ter chegado aqui. Meus pais eram professores, hoje aposentados. Somos cinco irmãos. Sabe lá o que é isso, criar cinco filhos com salário de professor? Eles não paravam em casa, indo de uma escola para outra. Quando éramos menores, minha avó cuidava da gente. No final de semana, a casa virava uma escola. Tinha que passar o dever de cada um e a gente acabava aprendendo um com outro. Isso me marcou. Quase fui ser professor. Mas a área de tecnologia me chamava a atenção e resolvi fazer Engenharia. Depois, fiz cursos de especialização. O meu primeiro emprego também teve ajuda de um aliado. Com aquela mania de um aprender com o outro que tinha lá em casa, me "intrometia" no trabalho dos outros, perguntava tudo e estava sempre me oferecendo para ajudar. Com seis meses de estágio fui indicado para uma vaga. Bem, de lá para cá, não faço outra coisa senão incentivar a troca de conhecimentos na equipe. Todos compartilham seus saberes e uns ajudam os outros. Acho que exerço bem a minha liderança, porque todos gostam do ambiente e os clientes estão satisfeitos.

– E você se tornou um educador! – falou Patrícia.

Também comentei...

> Feliz quem cria comunidades vivas, onde todos ensinam e todos aprendem. Conviverá com grandes mestres-aprendizes ao longo de toda a jornada.

Mais uma vez o grupo aplaudiu.

– Muito obrigado. Foi bom contar para vocês. Acho que não tinha falado para ninguém.

Ronaldo se levantou e pegou água para todos.

Estou gostando de conhecer essas histórias – disse Evelyn.

Trabalho aqui em RH há quase dois anos e não sabia nada disso. A gente fica cuidando dos processos, atendendo aos clientes e "perde muito" com isso. No dia a dia precisamos dessa interação. Que bom que começamos! Nunca é tarde. Para mim, só por isso esse investimento já está valendo. Sou a mais nova de idade e de tempo na empresa. Fui contratada para contribuir com os processos de gestão de pessoas e nesse ano já participei do planejamento estratégico com vocês. Agora começamos a investir na capacitação. Minha história sempre foi marcada pelo interesse por pessoas. Estudei Psicologia e quis investir nessa área. O maior desafio foi em uma empresa que trabalhei que prefiro não citar. Era analista de RH e o meu gerente era tudo o que não se deve ser, sobretudo para quem trabalha em nossa área. Suportei muito porque precisava concluir a graduação. Foram dois anos de sofrimento. Até assédio moral aquele homem cometia, meu Deus! Aprendi muito, e acho que mais ainda como não se deve agir. O meu aliado foi um professor da pós que fiz logo em seguida. Eu o escolhi para ser meu orientador na monografia, e foi uma ótima experiência e aprendizado. É por causa dele que estou aqui. Minha monografia foi sobre cultura organizacional, recebeu nota máxima, e, como ele é amigo do presidente da empresa, me indicou para a vaga de RH. E estou empolgadíssima com os desafios que tenho aqui.

– Posso dizer – disse Ronaldo – que você já está fazendo a diferença. Está se tornando uma verdadeira guardiã dos valores da empresa que quer ser uma organização saudável e sustentável.

– Muito obrigada! É muito bom ouvir isso!

Mais uma vez aplaudiram, apoiando a fala do Ronaldo.

– Evelyn – eu disse –, você sabe que é...

> Feliz quem investe na educação e no desenvolvimento contínuo da equipe. Caminhará a passos largos e colherá os melhores frutos.

Minha especialização é Logística – começou Marcos.

Fui supervisor em duas grandes empresas. A estrutura pesada da última me incomodava muito. Não me sentia desafiado. O meu gerente era centralizador e vivia no velho modelo de comando e controle. Não entendo como em plena era do conhecimento alguém ainda gerencie daquele jeito. Foi um teste para mim. Não conseguia liderar porque ele intrometia o tempo todo. Certa vez decidi dar um feedback *para ele. Pedi a reunião e apresentei os aspectos positivos que via em sua gestão: os procedimentos organizados, a tecnologia aplicada, os controles impecáveis, e disse o que eu e a equipe pensávamos sobre o que precisava ser melhorado. Disse que me sentia desrespeitado e dei diversos exemplos, falei que não conseguia sequer tomar decisões porque ele impedia... bem, gente, sabe o que aconteceu? Entrou em um ouvido e saiu no outro. Para mim foi surpresa quando há mais ou menos três anos fui convidado para uma entrevista para a vaga de gerente de compras e logística. Embora a empresa fosse menor fiquei animado quando fui contratado. Logo depois perguntei como me acharam. Quase não acreditei quando disseram que tinha sido indicação do Severino do almoxarifado. Ele soube da vaga e, como tinha trabalhado comigo, deu o meu telefone e não me contou. Imagina! O Severino foi o meu aliado!*

– Parabéns, Marcos! – disse eu.

E completei...

> Feliz é quem sacramenta alianças com seus colaboradores, com os clientes e fornecedores. Não lhe faltará apoio em tempos de crise e celebrará a prosperidade com amigos.

É isso aí – continuou Marcos.

Graças ao apoio de todos, implantamos uma gestão eficiente e eficaz. Ampliamos o número de fornecedores com uma boa margem em nossas negociações e estamos atendendo com rapidez os pedidos dos clientes. A equipe está bem motivada. Estou preparando o Severino para ser encarregado. Já fez dois cursos técnicos e estou acompanhando o seu crescimento. Todo mês me reúno com a equipe para ouvir sugestões, dar feedback *e conversar sobre tudo o que afeta o trabalho e os resultados da empresa.*

Evelyn levantou a mão.

– Ah, ele está todo feliz – comentou. – Me procurou para saber como pode se aperfeiçoar. Parabéns para você!

– Muito bom! – exclamei.

Após os esperados aplausos, falei...

> Feliz é quem disponibiliza as informações e promove a comunicação em todos os níveis. Verá multiplicar a cooperação e a solução dos problemas e participará de *happy hours* durante toda a jornada de trabalho.

– Bem, gente, agora sou eu – disse Inês –, gerente da contabilidade.

Não consigo me ver no papel do herói. Mas vou falar assim mesmo. Sou filha de contadores. Na casa dos meus pais só se fala linguagem contábil. Não podia dar em outra coisa, podia? Meu irmão é sócio dos velhos! Ah! Me recusei a isso e tive que comprar uma briga, o que afetou nosso relacionamento. Fui morar sozinha. Com o passar dos anos eles foram aceitando a minha decisão e já convivemos melhor. Sei que muitos não entendem como abri mão de ser sócia do escritório para ser empregada. Mas acho que desenvolvi muito mais as minhas competências, e tenho ajudado muito mais a outros profissionais do que se tivesse ficado com eles. Tá vendo? Não queria ser contadora. Queria ser uma líder! Comecei a fazer cursos, pós-graduação, participar de congressos. Há mais ou menos seis anos assisti a uma palestra que me fez pensar muito, e desde então comecei a rever os meus pressupostos sobre liderança, e acho que de algum modo tenho contribuído desde que passei a conhecer a história de vida dos meus liderados, entender suas motivações, seus valores... enfim gente, essa é a minha história.

– Vocês concordam com a Inês quando ela diz que não há nada da jornada de herói na vida dela? – perguntei.

– Claro que não! – disse Marcos.

– Inês querida – falou Patrícia –, o seu aliado foi o palestrante! Não foi nesse dia que você teve os insights *que possibilitaram o redirecionamento na sua vida?*

– É isso mesmo, Inês, reflita mais sobre a sua história e, hoje, pode ter certeza, você é a aliada de muitos. Concluí...

> Feliz é quem constrói equipes verdadeiras, onde as relações são alicerçadas pelos valores humanos. Brindará com cada um, com o vinho da alegria, o resultado do trabalho de todos.

Mais uma vez Patrícia deu o lenço de papel. Inês foi aplaudida e abraçada pelos colegas.

Rogério se levantou, pegou uma xícara de café e começou a ensaiar o discurso, provocando risos.

Vamos lá! – Começou ele. Nasci para ser vendedor e é disso que gosto. Comecei cedo e já consegui muita coisa. Sem falsa modéstia sempre me destaquei. Entrei aqui há oito anos como vendedor, um ano depois passei a supervisor e mais um ano, com o crescimento da empresa, assumi a gerência. Confesso que senti muita dificuldade quando assumi a gerência. Até porque como supervisor também me envolvia com as vendas. Vocês sabem que a empresa deu um salto nos últimos anos. Nunca contei o quanto senti naquela época. Me achava um ótimo vendedor e um péssimo gerente. Mas não tinha nem coragem de falar sobre isso. Tinha que aproveitar a oportunidade. Tinha ideias a respeito de liderança, mas estava inseguro. Toda a minha segurança de vendedor estava em xeque. E se não desse certo? Comprei livros, conversei com pessoas mais experientes, mas penso que o primeiro ano como gerente foi desastroso, nem sei como não me demitiram. A vontade era voltar a ser vendedor. Mas isso seria retroceder e não sou de voltar atrás. Coloquei como desafio que me tornaria um excelente líder. Estou tentando e vou chegar lá. Quanto ao tema da nossa conversa, agora estou pensando que houve uma sincronicidade, é assim que fala? Numa ocasião tive que visitar um cliente em São Paulo. Assim que ocupei o assento no avião, curioso que sou, remexi nos papéis que estavam no bolsão à minha frente. Vocês acreditam que tinha lá um artigo sobre gestão que mudou tudo em minha mente? Não tenho ideia de quem esqueceu aqueles papéis lá, mas seja quem for, deixou para mim. Uma frase que me marcou foi: "aquele que compartilha a visão de futuro com os liderados, criará tal sinergia que todos se engajarão para a sua concretização". Até aquele momento reproduzia o que todos os gerentes fizeram comigo: determinava as metas e cobrava os resultados. Li e reli inúmeras vezes e minha mente foi se abrindo para outras dimensões na gestão, apresentei minhas propostas para o chefe e vocês sabem das mudanças que aconteceram: a participação nos lucros e nos resultados foi significativa para todos. Antes adotava um modelo que era muito competitivo e individualista, afinal era isso que também vivi todo o tempo que atuei como vendedor, o meu colega era quase um adversário. Quando decidi conversar com a equipe para repensarmos o nosso modelo, vocês nem imaginam o quanto eles estranharam! Hoje estamos com alto nível de cooperação e participação nas decisões. O clima é outro! O resto vocês já sabem.

– Fantástico, Rogério!!! – Exclamei – Vocês estão vendo como os aliados aparecem? Sabia onde o Rogério ia sentar e deixou lá a informação que lhe possibilitou os insights.

E refleti...

> Feliz é quem constrói relações de parceria com os colaboradores, porque entende que todos são iguais. Realizar-se-á com a cooperação das forças produtivas da equipe.

Estava impressionado com a reação deles. Os aplausos não eram protocolares, mas entusiasmados. Havia emoção em cada pessoa que contava a sua história e em quem ouvia.

– Chegou a minha vez, não tem como escapar mesmo – falou Regina.

Vocês sabem que sou tímida. Apesar de todos falarem que advogado fala muito. Primeiro agradeço por compartilharem suas histórias. Estou muito tocada e vocês não imaginam o quanto estão me ajudando. Peço que me perdoem porque não vou conseguir falar sobre mim mesma, pelo menos agora. Mas estou absolutamente certa que acabei de identificar os meus aliados em minha jornada. São vocês! Muito obrigada!

Os aplausos do grupo foram seguidos de abraços. Regina chorava e sorria ao mesmo tempo.

Patrícia brincou, dizendo que estava acabando os lenços de papel. Quase que peço para mim também. Como é difícil segurar as lágrimas nessa hora!

– Quero expressar a minha gratidão por compartilharem suas histórias – disse eu. – Gosto de refletir que nossas histórias são sagradas, porque feitas de luta, de conquistas, superações e, por que não dizer, de transcendência, pois até os anjos vêm em nosso auxílio, não é mesmo?! Perceber o sagrado presente em nossa história traz outra dimensão à existência e também ao trabalho, concordam? Olhar para a própria história com outros olhos e conhecer a história de cada um, há de contribuir com o alinhamento de todos vocês, na verdade, é assim que nos aproximamos das pessoas, que nos identificamos e podemos nos compreender melhor. Assim como é essencial conhecer a história dos liderados. O que viveram? Quais são seus sonhos? O que os motiva? Lideramos pessoas e não processos. Daí a necessidade de nos tornarmos especialistas em gente, como costumo dizer. Liderar é complexo porque a vida é complexa. E é nessa complexidade que precisamos aprender a conviver. Para isso o melhor caminho é o que experimentamos aqui: o diálogo. Com ele a compreensão mútua, a consciência das nossas crenças e valores e saber que nossas "verdades" não são irrefutáveis. Somos humanos e com histórias bonitas...

O grupo tem progredido desde então. Assim é a jornada: quando temos um ideal estabelecido em nossa consciência, todas as prioridades se organizam em torno dele, de tal maneira que ele começa a atrair tudo o que pode favorecer a sua concretização. Mas é preciso estar consciente, atento para receber as dádivas da vida. Peter Senge chamou esse estado de "presença". Estou convencido que esse é um passo fundamental a ser dado em nossa jornada, seja através de práticas de meditação, de introspecção e silêncio, todos, principalmente líderes e gestores, precisamos nos conectar com algo mais profundo para ampliar a percepção e tomar decisões de maneira mais consciente. A atenção desperta possibilita ver conexões que antes não víamos, como diz Srikumar Rao, professor na Columbia Business School: "quando você desenvolve e preserva seu intento com força suficiente, ele se torna verdadeiro. Você começa por captar com clareza o que quer fazer. Por que quer fazê-lo? Como isso reflete seus valores? Como isso se relaciona com o seu propósito essencial na vida? O que você deseja realizar na sociedade? O disseminar da intenção se espalha e a faz acontecer. Seu papel será permanecer sempre alerta e aberto a todas as possibilidades". O líder precisa estar atento como o Zoio, com a consciência desperta, pois até as pedras do caminho podem ser suas aliadas. E, mais que isso, para ser aliado de quem precisa.

Exercícios para identificar os aliados

É impressionante como acontecem os fenômenos da sincronicidade e como surgem os aliados! Minha avó dizia que "Deus escreve certo por linhas tortas", e penso o quanto ela estava certa em seus ditados.

Nas linhas tortas da vida, quanta ação divina ajudando quando mais precisamos.

A história da charrete me fez lembrar uma situação parecida. Voltávamos de uma viagem, quando de repente o carro foi perdendo força e veio forte cheiro de gasolina. Estávamos na BR 101, em um lugar deserto e não sabíamos o que fazer. Ficamos mais de uma hora parados. Quase não passava carro e os poucos que passavam não paravam. Naquela época não havia celular para pedir um socorro. Até que parou um carro, e um senhor perguntou o que havia acontecido e pediu para olhar o carro. Quando abriu o capô, percebeu que a mangueira tinha se soltado e ele, com uma habilidade extraordinária, conseguiu um pedaço de arame em uma cerca, resolveu o problema em alguns minutos e partiu. Quis pagar pelo serviço, mas ele recusou e nos abençoou. Acho que era um anjo...

Muitas outras situações já aconteceram em minha vida. Confio na Providência Divina que nunca nos deixa faltar nada, e nos momentos de apuros, como esse que acabei de relatar, aparece o auxílio, seja de pessoas queridas que nos apoiem ou de anjos anônimos.

Até aqui você já passou por etapas decisivas da jornada, entretanto, ainda tem mais. Agora terá uma virada e você será levado a passar pela prova mais difícil, mas terá a recompensa.

Então prossigamos.

http://www.animah.com.br/qrcode/qrcode7.pdf

7

O experimentar a provação

Feliz aquele que experimentou a dor e a transformou em aprendizado. Conhecerá, como poucos, a alma humana.

Como eu, você deve saber: o que tem de percalços e enrascadas pelo caminho não é mole. Por mais que se diga que são ossos do ofício, alguns mais parecem becos sem saída. Até costuma-se dizer que a vida é assim. Porém, se não se tirar nenhuma lição para se tornar melhor, de que adiantará? Pelo que sei, é por esse caminho que muita gente tem aprendido a desenvolver a empatia e com ela tornar-se sábio. Não duvide disso.

Gosto muito dessa estória que me foi contada por Maritza, uma grande amiga:

> *Seus cabelos longos e pretos caíam pelos ombros como trepadeiras em grandes árvores. Usava um tom de voz docinho capaz de amaciar os mais agudos gemidos. Morava num casebre entre a aldeia e a floresta. Chamava-se Senhora das Ervas. Os habitantes da aldeia recorriam a ela sempre que precisavam de cuidados. Ela conhecia os mistérios curativos das ervas. Curava males físicos e da alma. Benzia, rezava, buscava a erva indicada, ensinava como preparar e quando tomar. Seu rosto tornava-se iluminado,*

de tanta felicidade em poder cuidar das pessoas. Essa felicidade sempre foi compartilhada. Levantava-se cedinho, colocava seu avental, pegava a tesoura, o cesto e embrenhava-se mata adentro na cata das ervas. Os moradores da mata já a conheciam e sentiam por ela uma profunda gratidão. Afinal, era através dela que o reino vegetal tinha a possibilidade de cuidar dos moradores daquela aldeia.

Numa dessas reuniões noturnas, o clã das árvores mais velhas e sábias da floresta resolveu presentear a Senhora das Ervas. Seu trabalho agradava de coração. Decidiram que ela teria a proteção total do reino vegetal. Ela não mais sentiria dor, não mais teria por que chorar, não sofreria males físicos, nem da alma. Passaram-se os anos e ela continuava ajudando os moradores da aldeia, mas faltava certo carinho. Via-se em seus olhos uma irritação, uma impaciência, não mais o brilho de antes. Ela se sentia cansada com tanta choradeira, com tanta dor e se perguntava por que tanto sofrimento. Mas continuava seu trabalho, mas agora o achava massacrante.

Numa dessas iluminadas manhãs de outono, a Senhora das Ervas pegou suas ferramentas e partiu mata adentro atrás de suas ervas. Ao atravessar um córrego cristalino escorregou e bateu a coxa direita num espinheiro. Sua coxa começou a sangrar. A Senhora das Ervas puxou de seu balaio guaçatonga, confrey, calêndola, e foram tantas ervas que eu já esqueci o nome de muitas delas. Ela ficou calada, surpresa. Afinal, não era imune à dor? E esse choro? O sangue estancou. O choro não.

A Senhora das Ervas sentindo muita dor aproximou-se do Jequitibá e humildemente perguntou:

– Seu Jequitibá, por quê?

– Nós, sabíamos da alegria com que a senhora curava as pessoas. É através do seu amor e cuidado que colocávamos as ervas a serviço dos seres humanos. Mas vimos que, ao presenteá-la, retiramos da senhora seu dom maior: sua humanidade. Resolvemos devolvê-la. A partir de hoje, retiramos toda proteção. Esse ferimento devol-

> *verá à senhora a compreensão da dor, do choro, do sofrimento do outro. Ao cuidar dessa ferida, saberá cuidar a ferida daquele que lhe pede ajuda, porque a senhora viveu a dor, chorou, sofreu. Assim seu coração se tornará de novo macio. De novo sentirá carinho em poder curar aquele que a procura. Esse é o nosso melhor presente.*

Não é que a vida dá seu jeito de nos fazer melhores? Mesmo que tenhamos que passar pela via dolorosa. Não é diferente para os líderes, até porque antes de tudo somos humanos. E é como ser humano que lideramos os outros com as mesmas qualidades e fragilidades que carregamos em nossa história. Para mim importa ter consciência de que há em cada ser uma essência vital e um tesouro de possibilidades, espero que para você também seja assim. É isso que me faz afirmar...

> Feliz aquele que acredita no ser humano, em sua essência de amor, bondade, solidariedade e em todas as suas possibilidades latentes. Saberá estimular a realização da excelência que habita em cada um.

Como seria se nunca passássemos pelas provações? Até onde sabemos ninguém quer viver essas experiências, mas quantos se tornaram pessoas melhores após mergulharem na escuridão do poço! Não serão as provações uma forma de aparar as arestas, assim como o cinzel fere a pedra ou a madeira para fazer sair delas belas esculturas? É só olhar para a nossa história e perceber o quanto que crescemos nos momentos de maior dificuldade. Assim tem sido comigo e com muitas pessoas que conheço.

Por isso que digo...

> Feliz é quem aprende com o passado e vive com lucidez o presente. Lançará os alicerces para erigir um futuro grandioso e digno.

Em minha busca percebi que, de modo geral, as tradições espirituais apresentam esse caminho como o caminho da sabedoria. Lembro-me das rodas de conversa da Unipaz e da pós-graduação em Teologia, Ecumenismo e Diálogo Inter-religioso, onde pude vivenciar e refletir sobre os princípios das principais religiões e da filosofia perene. Quantos ensinamentos! E todos convergem para o mesmo princípio universal! Uma fonte inesgotável de sabedoria desenvolvida por homens e mulheres ao longo dos séculos, à disposição de todos para nos indicar o caminho, nos fortalecer e servir de luz nos momentos sombrios da existência. Mais que os compêndios, guardo na memória os momentos de silêncio e interiorização.

Lembro-me quando Jean-Yves Leloup falou sobre experimentar o numinoso, isto é, o sagrado, que pode se manifestar de inúmeras maneiras, porque o SER fala a linguagem que cada um compreende. E ao compreendê-la e viver essa experiência a pessoa nunca mais será como antes. Isso me arrepia e me leva a ficar atento para as possibilidades desse encontro com o Sagrado, que pode se dar em qualquer instante e lugar. Em geral, disse Leloup, quando a pessoa encontra-se em um beco sem saída ela apela para quem pode lhe apontar o caminho. Se estiver preparada, ela reconhecerá a mão estendida, e, então, dá-se o encontro!

Outra experiência marcante foi estudar Jung. Para ele, um dos momentos mais importantes na vida é a transição da meia-idade. É nesse período que muitos sentem certa desorientação. Trata-se de um tempo de muitos questionamentos sobre o já vivido e o que ainda há por viver. É quando começa, por assim dizer, a segunda jornada. Os filhos crescem, casam-se, aparecem doenças, o vigor físico não é mais o mesmo, mudanças no trabalho com ingresso dos mais jovens e possibilidade de perda de emprego, como será depois? Aposentadoria? E são tantas coisas acontecendo ao mesmo tempo que é preciso dar uma parada para rever a vida. Assim, a sabedoria emerge das profundezas, como fruto de todas as vivências, integrando os sabores e dissabores, as glórias conquistadas e as mediocridades camufladas, as graças alcançadas e as desgraças sofridas. Toda a vida é um paradoxo. É assim, nesse meio do caminho, que podemos nos transfigurar. Não é isso uma maravilha? Penso que sim.

Tive o privilégio de participar dos seminários da arte de viver a vida com Pierre Weil, um grande sábio. Uma das muitas lições que ficou foi entender que todas as formas de sofrimento são provenientes do apego e do medo de perder o objeto a que se está apegado. É um princípio budista. Mas, todas as religiões apontam o desejo de possuir e o apego como fontes do sofrimento. Jesus falou sobre isso muitas vezes. Se toda essa sabedoria nos é oferecida, por que não usufruir? Só que alguns só descobrem quando passam pelo fogo... Faz parte da jornada.

Quero compartilhar a história de Hudson, diretor executivo de uma multinacional, cujo nome, por contrato, não posso revelar. Sua trajetória é considerada excepcional e sempre foi considerado um homem de resultados. Esse é o seu depoimento.

Construí minha carreira com muita determinação. Cursei Engenharia no Instituto Militar de Engenharia e investi tudo para alcançar esse posto. Contei com a ajuda dos meus pais e fiz o mestrado no exterior. Embora na adolescência e juventude tenha dado muito trabalho, reconheço que a cobrança deles contribuiu bastante. O velho era militar e exigiu o máximo de mim. Desde criança era estudo de idiomas, esportes, leituras... nem sempre gostava, mas tinha que fazer. Hoje percebo os resultados e fiz o mesmo com os meus filhos, um pouco diferente, é claro. E é assim que vinha agindo como executivo. Aqui se trabalha para unir a qualidade dos produtos e serviços ao bom relacionamento com os clientes, e considero isso extremamente importante. Atribuo boa parte do meu sucesso a essa determinação e disciplina que aprendi em casa. Resolvi pedir ajuda de um coach *porque essa crise mundial está impactando seriamente a nossa empresa e estou sendo cobrado mais que nunca. Até aí tudo bem, já estou acostumado. No entanto, há dias me trouxeram o resultado da pesquisa de clima e há muitas queixas do meu setor. Além disso, há problemas em certas áreas e queda na produtividade. Para resumir, a questão maior é que transfiro a pressão para a equipe que está desmotivada. Eu assumo a minha parcela de responsabilidade. Sinto que me falta habilidade nesse sentido. Aprendi só a cobrar e comandar. Preciso rever minhas atitudes e estou disposto a isso.*

> Feliz é quem sabe aliar as suas competências às necessidades dos clientes, da organização e da humanidade. Terá respondido com louvor à sua suprema vocação.

Chega uma hora que temos que parar. Estou com cinquenta e sete anos. São mais de trinta de trabalho. Posso dizer que tem sido uma vida dedicada ao trabalho e à família. Meus dois filhos já estão formados. Saber que as pessoas que trabalham comigo não estão felizes mexeu comigo. Nunca tinha pensado nisso. Para mim o fato de estarem empregadas e bem remuneradas bastava. Sabe? Meu pai nunca me elogiou pelos resultados que apresentava na época dos estudos, dizia que era minha obrigação. Estou fazendo o mesmo com a equipe. E constato que a falta de elogios e reconhecimentos é um dos problemas. Não aprendi a elogiar. Junto com isso, percebo que há muitos conflitos dentro de mim. Não estou sabendo lidar com isso. Há um mês saiu o resultado do meu PSA. Fui negligente com a saúde. Vida sedentária. Embora saiba da importância do check-up *anual, muita coisa deixei passar. É sempre assim, depois que passa a gente lamenta o quanto que poderia ter feito, o quanto poderia ter relacionado mais com as pessoas queridas. Enfim, comecei o tratamento de um câncer. Em breve, terei que interromper esse processo para a cirurgia.*

> Feliz é quem apazigua o espírito da discórdia que habita em seu coração. Será aclamado como mediador das contendas humanas.

Como disse a minha formação foi muito rígida e não é diferente aqui. Essa é uma empresa de engenharia. Não há e nem criei espaço para as dimensões mais subjetivas. Não sei se é pelo o que estou passando, mas sinto falta de algo que não sei explicar. Tenho refletido muito sobre a vida. Como viver melhor os meus dias? Como conquistar a confiança e o afeto da equipe? Qual o legado que vou deixar? Não estou falando do que construí financeiramente... Quero que as pessoas se lembrem de mim de outra forma. Como vão se lembrar de mim? O executivo que comandava, controlava e cobrava? Nunca tinha pensado nisso antes... Por tudo o que já conversamos nessas reuniões preciso me libertar dessas algemas do comando e do controle, e estimular a equipe de outra forma, desafiá-los sim, mas preciso encontrar meios de demonstrar minha gratidão a cada um deles.

Nessas quatro semanas de pós-operatório refleti muito. As suas provocações me fizeram pensar em tudo o que já fiz e o que pretendo fazer daqui para a frente. O médico me deu muita esperança. Estou otimista. Mas as nossas reuniões serão mais espaçadas. Você vai gostar de saber que solicitei à equipe uma proposta para redefinirmos o que é resultado para nós e também os parâmetros de desempenho na empresa. Pedi ajuda para pensarmos a organização de forma mais humana.

> Feliz é quem sabe que a empresa existe para servir às necessidades humanas. Reconhecerá o lucro como consequência do serviço bem-feito e um meio para melhor atingir o propósito.

No máximo em seis meses teremos um projeto. Vamos discuti-lo na reunião do planejamento estratégico e minha intenção é implementar as mudanças que o grupo propuser. Solicitei a formação de um comitê com representantes de todas as áreas de modo que seja o mais transdisciplinar possível. Não foi isso que você me fez entender?

> Feliz aquele que sabe desafiar, estabelecer e acompanhar os indicadores tangíveis e intangíveis do desempenho da equipe. Será agente e testemunha da superação humana.

Continuo refletindo sobre muitas coisas. Esse processo tem sido doloroso, não só a quimioterapia, mas o rever a minha vida. Ao mesmo tempo, estou valorizando o que estou passando. Não tenho podido estar presente em todos os momentos, mas acompanho à distância. A equipe tem sido compreensiva e está ajudando muito. Em breve terei alta. Estou ficando emotivo, coisa que nunca fui, e começo a compreender melhor as pessoas. Fui intransigente muitas vezes sem escutar o que se passava na vida de cada um. Na maioria das vezes ficava fechado em minha sala tomando decisões. Agora quero me aproximar da equipe, circular pela empresa e a conhecer mais cada um. Não sei como vão reagir, mas quero mostrar que estou mudando.

> Feliz é quem desenvolveu a inteligência emocional e sabe expressar afeto pela equipe contrariando o senso comum. Formará uma sólida comunidade e se tornará arquétipo da humanização organizacional.

Da nossa última reunião para cá já passei para a equipe o que venho decidindo aqui em nossos encontros. Alguns tentam esconder, mas percebo que estão surpresos. Acho que tem uns três ou quatro que estão céticos. Eu os compreendo. Se estivesse no lugar deles também duvidaria. Quero demonstrar que estou mudando. Pedi que se reunissem e me dessem um feedback. *Não quis saber quem falou o quê, mas que dissessem o que pensam sobre a minha gestão, o que veem de positivo e o que preciso melhorar. Há dois dias me entregaram o resultado das percepções deles. A maioria disse o que eu já sabia. Admiram o meu profissionalismo e retidão, mas fiquei mais interessado no que disseram sobre o que preciso melhorar: perceberam o meu esforço de mudança e me elogiaram por isso. Não havia te dito, mas era considerado como pavio curto. O que estou passando está me fazendo ser mais paciente e compreensivo... Enfatizaram que deveria adotar um modelo mais participativo e dialogar mais com eles... e que preciso demonstrar reconhecimento pelas conquistas da equipe. Esperam isso de mim. Não paro de pensar desde então.*

> Feliz aquele que mantém um inabalável compromisso com a integridade do seu caráter. Sua grandeza interior lhe garantirá autoridade e seu poder será validado por sua equipe.

Na próxima semana terei uma reunião com todos os líderes da empresa. Antes chegava com as decisões tomadas e as comunicava. Dessa vez será diferente. Temos um grande desafio que é a meta do trimestre. Apesar da crise internacional temos que alcançá-la. Quero surpreendê-los. A partir do que refletimos aqui, vou apresentar a meta e pedir que conversem sobre as possíveis soluções para os problemas que estamos enfrentando e vou sair da sala. Acho que assim será melhor até para não interferir. Retornarei ao final para escutar a opinião deles.

> Feliz é quem tem coragem de rever as suas atitudes. Será aplaudido por todos os seres evoluídos.

Devo dizer que fiquei feliz com o resultado da reunião. Não esperava tanto. Seguindo o que havíamos conversado propus que primeiro se lembrassem de experiências positivas em que tinham vencido grandes desafios, seja aqui ou em outro contexto, e procurassem identificar o que os fez superar tais dificuldades. Não é isso o que você está fazendo comigo? Percebi quando se entreolharam. Mas eu os estimulei insistindo que contassem, queria mesmo ouvi-los. Até disse que minha intenção era ficar ausente enquanto conversassem, mas achei que esse momento também seria de aprendizado para mim. Aos poucos, um por um foi se abrindo e contando histórias muito significativas. Algumas já conhecia, pois aconteceram aqui na empresa. Outros trouxeram experiências de empregos anteriores e até de situações particulares, como a história do Gilberto, que foi a que mais me tocou. Ele trabalha conosco há dez anos e eu não sabia de sua história. Ele perdeu o filho de sete anos, vítima de leucemia. Isso ocorreu antes de ele ingressar aqui. Seu relato foi muito forte. Hoje ele tem mais dois meninos. Ao final, disse que ele e a esposa se tornaram melhores, mais próximos e com mais energia para prosseguir a vida, e agora ambos são voluntários em uma instituição que cuida de crianças com câncer. Nunca na empresa tinha havido uma reunião igual! Não parecia reunião de trabalho. Durou a manhã inteira. Não fiquei preocupado com a hora como estava acostumado a fazer. Almoçamos juntos de maneira bem descontraída. Quando retornamos, pedi que a partir das reflexões feitas pela manhã e de como conseguiram superar os seus problemas, que encontrassem também uma maneira de vencermos as dificuldades atuais da empresa. Nesse momento saí para que ficassem mais à vontade. Retornei após duas horas e eles me apresentaram uma proposta que eu jamais teria pensado. Escutei suas ponderações, questionei um ponto ou outro e aprovei o plano. Acho que estou aprendendo! Combinamos que iremos celebrar os resultados em breve.

> Feliz é quem incansavelmente promove o diálogo. Vai se extasiar com os milagres da inteligência coletiva.

Estou bem melhor, o pior já passou. Embora não tenhamos ainda resolvido os problemas, estou confiando na equipe. Mudei a minha rotina. Passo as manhãs conversando com as pessoas de cada área, criei uma agenda para isso. Percebi que muito do que fazia antes era desnecessário. Está sobrando tempo para conversar e fazer outras coisas mais importantes que não dava para fazer, ou melhor, que me prendiam no trabalho até mais tarde. As pessoas já me cumprimentam de maneira mais espontânea e se aproximam de mim com mais desenvoltura. Não que fosse um terror, você sabe. Mas, achavam que era muito fechado. E era. Solicitei o serviço de um arquiteto para deixar minha sala o mais aberta possível. Você sabe como o acesso aqui é difícil, do hall *até aqui são três portas e uma delas com senha, além da secretária que barra tudo. De agora em diante será diferente.*

> Feliz aquele que trabalha para descobrir e desenvolver todas as potencialidades – técnicas, humanas e espirituais – dos seus liderados. Será, como um alquimista, enriquecido pelos tesouros que lapidou.

Recebi alta definitiva. Acho que você nem vai estranhar, mas penso que essa doença foi o melhor acontecimento da minha vida. Nunca aprendi tanto como nesses últimos meses! Tem horas que nem me reconheço... Esse processo todo – doença, crise, coaching *– foi uma avalanche em minha vida. Sempre prezei a questão do caráter, só que não me dava conta das minhas contradições. Prezava a ética, mas não tratava bem a equipe. Considerava a honestidade como um valor, mas, ao não reconhecer o valor de cada um e centralizar tudo em mim, percebi o quanto havia de desonesto nessas atitudes. Considero a família muito importante, mas durante muito tempo não dei a atenção e o afeto devidos para a minha esposa e os meus filhos. Era rígido demais e ao me tornar mais flexível, fiquei também mais leve. Depois de nossas conversas, resolvi dedicar alguns minutos por dia para o silêncio. Antes dormia muito mal, quantas vezes acordei no meio da noite pensando no trabalho! Agora reservei vinte minutos para ficar em completo silêncio antes de dormir e também pela manhã. O pessoal lá de casa já sabe. Já pesquisei um espaço para treinamento em meditação. Daqui a três semanas será a festa de fim de ano da empresa, em geral fazia um discurso de agradecimento meio protocolar.*

Esse ano será diferente. Quero contar a minha experiência e agradecer pelo fato de terem me aturado do jeito que eu era e por terem me ajudado tanto nesse período, e dizer que podem contar comigo. Sou grato a você por ter me ajudado tanto nesse processo. Estou consciente que as respostas estavam em mim, mas você fez as perguntas certas para eu encontrar as minhas respostas. Como nos diálogos socráticos, você ajudou a dar à luz um homem novo.

Feliz aquele que aprendeu o poder da palavra e se esforça para tocar na alma das pessoas. Conseguirá mobilizar a equipe e esta contagiará os outros com a energia pujante do coração.

Impossível não se deixar contagiar! Em geral os clientes expressam o quanto aprenderam, sem imaginar o quanto aprendo e me transformo nesses encontros.

Hollis disse que quanto mais conscientemente nós lidarmos com as questões de nossa vida, tanto mais experienciaremos nossa vida como significativa. E é na segunda metade da vida que as questões se tornam mais inquietantes: Quem, além dos papéis que representamos, somos de verdade? O que a nossa "alma" está pedindo de nós? Mais cedo ou mais tarde, na vida todos seremos desafiados a crescer, a encontrar e desenvolver a nossa integridade espiritual. E essa integridade está relacionada à vivência dos valores e como os praticamos no dia a dia, no ambiente familiar, social e nas organizações, principalmente para quem exerce a liderança. John Renesch, membro da World Business Academy, comenta em seu livro *Liderança para uma nova era* que os líderes precisam se dispor a passar por transformações pessoais – ou seja, se dispor a uma mudança transcendental em sua forma de pensar e sentir, e não apenas a uma mudança de atitude a respeito de uma determinada parte da operação. Somos chamados a transcender! Debashis Chatterjee, professor da Escola de Administração de Harvard, afirmou com muita propriedade: "a liderança é um processo consciente de descobrir e alimentar infinitas possibilidades num ser humano. Não permitindo nenhuma limitação autoimposta na sua própria realidade transcendental, os líderes permitem espontaneamente que seus seguidores transcendam a si mesmos, elevem seu potencial individual, excedam os limites de sua capacidade e atinjam o auge de seu desempenho". Cada um precisa mergulhar, profundamente, para encontrar o seu próprio caminho – e isso pode significar até mesmo ir ao "fundo do poço" – para alcançar a sabedoria, essencial para o exercício da liderança.

> Feliz aquele que compreende a linguagem do coração. Terá entendido que o verdadeiro líder é um especialista em humanidade.

Exercícios para refletir sobre as provações

Você conhece histórias de pessoas que passaram por provações, souberam dar a volta por cima e ainda passaram a contribuir para que a vida dos outros se tornasse melhor. Para citar um exemplo entre tantos, lembro da Marina Silva. Mesmo sendo controversa, é reconhecida mundialmente pelo seu carisma e atuação em prol do desenvolvimento sustentável. Ela aprendeu com as piores adversidades e hoje se coloca a serviço de uma causa que é vital para a humanidade.

Assim é a vida. Resiliência é essa capacidade de superar as situações adversas, enfrentar as dificuldades com discernimento e serenidade e, mais que isso, tornar-se agente de transformação. Em um ambiente de tanta pressão e situações adversas que se multiplicam, desenvolver essa capacidade é essencial para o exercício da liderança.

Como muitos, também passei por algumas.

Não sei se foi o fundo do poço, mas foi quase... Tenho procurado aprender com cada situação. Ter atitude positiva faz toda a diferença, na verdade as situações ruins pelas quais passamos são todas transitórias... No Evangelho narrado por São João, Jesus diz que a árvore boa é podada para que produza mais frutos ainda. Assim, procuro entender as provações como poda, ajuda pelo menos a tentar melhorar os frutos.

Uma das situações em que considero como "fundo de poço" foi o desemprego. Foi muito difícil passar quatro meses com tanta despesa e sem perspectiva de trabalho. Era um período crítico no mercado de trabalho, e o cenário não era dos melhores. Na verdade, o sentimento de baixa autoestima e de impotência tende a obscurecer a visão e reduzir as possibilidades. Consegui me reerguer buscando discernimento e força na oração. A partir dessa experiência, foi mais fácil superar outras situações e compreender melhor as pessoas que passam por situações semelhantes.

http://www.animah.com.br/qrcode/qrcode8.pdf

8

O conquistar a recompensa

Feliz aquele que não teme ser diferente e ousa seguir em frente. A história lhe concederá a recompensa.

Durante muito tempo Jônatas vivia cercado de amigos e pensava que sua carreira estava definida. Compartilhava dos mesmos eventos e ideias do grupo. Mas, quando só, sentia que nada acrescentava aos colegas, à empresa e, o pior, a si mesmo. Seguia, como a maioria, o fácil caminho do senso comum. Por que ser diferente? Quando se confrontava sentia-se medíocre. À medida que se inquietava, começou a mudar e a questionar. Ao buscar fundamentos para os seus desassosegos, sentiu-se mais seguro para apresentar seus pontos de vista. Passou a incomodar. Suas novas ideias desafiavam o *status quo*. Pode imaginar quantos se afastaram? Nem mesmo o trabalho proporcionava mais satisfação. Foi rotulado como O *Diferente*. Nesses momentos, apesar dos obstáculos, Jônatas começou a sentir uma grande alegria, havia descoberto o seu caminho. Essa foi a maior recompensa de sua vida.

Como é penoso nadar contra a corrente! Penso, porém, que não há nada mais gratificante! Como eu, você deve ter ouvido comentários que é diferente, que, enquanto todos caminham em uma direção, você pega outro rumo e por aí vai... Não tenho dúvidas, apesar das críticas o caminho é esse! É sair na frente e fazer a diferença!

Há alguns anos, participando de um dos Congressos da American Society for Training and Development – ASTD nos Estados Unidos, assisti a uma conferência da consultora Chin-Ning Chu. Em seu livro *Thick Face, Black Heart – The path to thriving, winning & succeeding*, ela conta essa estória:

> *Na Índia Antiga, um grupo de jovens monges observava seu mestre preparando panquecas. Ele derramava uma concha de massa e ela se espalhava por toda a superfície da chapa quente, criando uma estranha forma. Quando a panqueca assumia a forma final, ele sorria e dizia:*
> *– Perfeito.*
> *Os monges ficaram confusos. Cada panqueca era de uma forma diferente, algumas ficavam queimadas e nenhuma era perfeitamente redonda.*
> *Finalmente, um deles perguntou:*
> *– Mestre, como podem as panquecas serem perfeitas? Elas devem ser redondas e não queimadas.*
> *O mestre levantou a última panqueca fora da frigideira e a colocou no prato do seu jovem discípulo. Sua forma era semelhante a uma cabaça.*
> *– Perfeito – repetiu ele. – Uma vez um grande professor me disse: se você não gosta do mundo que vê, mude a lente dos óculos.*

Tudo depende de como vemos. Como os monges, podemos ter uma visão idealizada das coisas. Mas é nesse mundo, com os seus desafios, obstáculos e preconceitos que vivemos e somos chamados a liderar. Alguns seguem o ritmo, "deixam a vida levar" e até tiram proveito do modelo, outros abrem novos caminhos. Esses trocam a lente e enxergam outras possibilidades.

Conversando com um amigo sobre essas questões, percebemos o quanto é difícil e às vezes desanimador pretender fazer a diferença. Embora haja o discurso da inovação, da ética e da sustentabilidade, por exemplo, quando nos posicionamos com firmeza, os que se beneficiam do modelo vigente reagem de forma negativa. Aprendi com uma amiga freira que precisamos atuar na "pastoral das brechas" para fazer as transformações necessárias. Dom Hélder Câmara dizia que são as minorias abraâmicas que fazem a transformação. Isto é, os pequenos que com fé e ousadia se mobilizam para realizar o sonho de um mundo melhor. O processo, porém, é lento. Não adianta querer mudar como as pessoas pensam se não começar a mudança em nossa própria visão de mundo. Como na estória, é preciso mudar as lentes. Também deve ser assim nas empresas. Melhorar as estruturas, os processos, as políticas, tecnologias, e não mudar o modelo mental é permanecer tudo igual. É só fachada. É o que se vê: empresas do século XXI com modelos de gestão do século XIX. Ah! Mas quando vemos que existem saídas, aí nos encorajamos mutuamente e vamos à luta! Fazer a diferença, mesmo que isso nos custe...

Nessa hora miramos nos líderes visionários, naqueles capazes de inspirar outros a fazer parte de uma causa nobre. Esses novos líderes não acompanham tendências nem seguem a moda, eles abrem novos caminhos, constroem o futuro em colaboração com outros que têm o mesmo ideal. Estes vão precisar de uma coragem compassiva e espiritual que questione o inquestionável, que examine os "monstros sagrados", que desafie o *status quo*. Isso inclui a disposição de se ver desaprovado ou ridicularizado. Exige-se do Líder um novo estilo de compromisso – não o compromisso dos *workaholics* e do sacrifício da família –, mas o compromisso de "fazer a coisa certa", porque é isso que se deve fazer e não porque "é assim que sempre se fez".

Em 2012 participei da comissão julgadora do Prêmio Ser Humano da ABRH-RJ e conheci histórias de muitas empresas. Fiquei tão entusiasmado e curioso, que quis conhecer Paulo Cesar, o fundador da ICQL Química – uma das empresas premiadas. Marquei um bate-papo e ele me recebeu com a maior das gentilezas.

E penso que essa é uma história que merece ser contada.

– Paulo, percebi que vocês já receberam muitos prêmios. Me fale um pouco sobre isso.

– Tudo porque achamos que era necessário medir os resultados da nossa gestão, e um jeito seria buscar certificações e prêmios de referência nacional. Assim fomos reconhecidos em diversas categorias como a Certificação Empresa Amiga da Criança, o Prêmio Sesi Qualidade no Trabalho, o Prêmio MPE Brasil – 1º Lugar Nacional para o modelo de gestão e padrões de sustentabilidade no negócio, o Prêmio Empreendedor de Sucesso – Reconhecimento da revista Pequenas Empresas & Grandes Negócios *e Fundação Getúlio Vargas para a história de*

empreendedorismo de sucesso, a Certificação ISO 9001:2008. Em função desses prêmios passamos a receber muitos convites para pesquisas, seminários, participação em programas de televisão como referência em gestão participativa, comunicação interna e ética.

– O que vocês fizeram para receber tantos prêmios?

– A principal foi a criação de uma identidade comum, na busca da comunhão dos ideais. Criamos também um projeto de incentivo à capacitação e o slogan *"Você faz a ICQL" para reforçar a importância de todos na empresa! Mas, a mais significativa, em busca da sustentabilidade e da excelência, foi na área de gestão de pessoas. Através do sistema de comunicação interna, elaboramos e executamos o Programa de Responsabilidade Socioambiental Arara Canindé e o Plano de Gestão Participativa. Dessa forma, promovemos a mudança de comportamento e da cultura organizacional. Investimos em quatro áreas: gestão de pessoas, educação e capacitação, qualidade de vida e desenvolvimento sustentável. Assim elevamos o nível de qualidade dos nossos produtos e serviços, expandimos os negócios e ampliamos os resultados.*

– Como foi esse processo?

– Investimos 3% do faturamento e definimos o objetivo a ser alcançado pelo novo modelo no prazo de cinco anos. Dividimos em cinco metas:

1) Construção da identidade da empresa e desenvolvimento do comprometimento das pessoas com a missão, visão e valores.

2) Conscientização e preparação da equipe de trabalho para um novo modelo de gestão e ampliação do nível de profissionalização.

3) Fortalecimento da imagem da empresa para o público externo e reconhecimento no setor de atuação.

4) Certificação do Sistema de Gestão da Qualidade (ISO 9001) para a abertura de novos negócios e a elevação dos resultados.

5) Autonomia da equipe de trabalho.

É muito bom dizer que todas as metas determinadas foram atingidas e os resultados obtidos foram muito além das nossas expectativas.

– Me fala mais.

– Bem, começamos com a mudança na linguagem e relacionamento de trabalho. A Ana Maria, nossa gerente, dividiu o projeto em quatro etapas: o conhecimento individual e coletivo, a construção da identidade,o processo de aprendizagem e o plano de gestão participativa.

– Genial, Paulo!

> Feliz aquele que se deixa guiar pelos princípios éticos e pela integridade moral também nos negócios. Semeará os grãos da boa reputação e dormirá com serenidade para, então, colher abundantes frutos.

– Explica um pouco sobre cada etapa.

– Claro! No primeiro momento todos os diretores e colaboradores foram ouvidos individualmente e, assim, identifi-

camos: a motivação, as expectativas em relação à empresa, o conhecimento individual naquele momento, as experiências e dificuldades em relação ao trabalho e as sugestões de melhoria. A partir desses diálogos, construímos o programa, o que também favoreceu o estreitamento das relações afetivas. Nós, os diretores, passamos a participar de todos os encontros do programa, o que facilitou a comunicação, o conhecimento do outro, a minimização das diferenças, o fortalecimento do vínculo afetivo, da confiança e do respeito mútuo, entre todos os integrantes do grupo de trabalho. Como atividade complementar, passamos a promover momentos de confraternização, destacando a importância das pessoas no sucesso da empresa e o reconhecimento deste valor para a liderança. Ah! Também estimulamos a participação do colaborador em grupos mistos, para promover a integração e a troca de conhecimentos entre as áreas.

– Como criaram o sentimento de pertencimento à empresa?

– Com o objetivo de situar as pessoas no tempo e no espaço, realizamos atividades para resgatar a história da empresa, utilizando fotos e depoimentos dos colaboradores mais antigos como recursos para o registro. A partir do resgate histórico registrado em uma linha de tempo, cada um identificou o momento da sua entrada na empresa e compartilhou essa experiência com o grupo, reconhecendo o significado desse momento para a construção do futuro. Os colaboradores mais antigos foram valorizados por seu comprometimento e pelo conhecimento compartilhado com os mais novos. Outro passo foi a implantação do Setor de Comunicação Social para dinamizar a comunicação interna, promover as trocas interpessoais e

estimular as pessoas ao desenvolvimento e às novas oportunidades. Também a diretoria passou a comunicar os objetivos e estratégias com regularidade, clareza, entusiasmo e esforço para se alcançar os resultados. Temos um cronograma de reuniões para a elaboração de planos de ação e acompanhamento dos mesmos, com a participação de todos os colaboradores independente do cargo ocupado.

– Que fantástico! Estou empolgado com a história!

– Numa segunda fase, passamos a valorizar atividades que proporcionassem a aproximação permanente do grupo, com o objetivo de construir a identidade, encontrar sentido para o trabalho e assumir compromissos com os resultados. Nosso *maior objetivo foi transformar a prática do trabalho em experiência de vida para os colaboradores. Assim, promovemos algumas ações como a construção coletiva da missão da empresa a partir das missões individuais. Com base nisso, construímos juntos o nosso organograma, identificando todos os integrantes do processo de trabalho e a importância de cada um para o funcionamento do mesmo. Além disso, visando fortalecer a identidade do colaborador com o grupo de trabalho e elevar o nível de comprometimento, realizamos um projeto de comunicação visual para a construção de símbolos. Todos participaram da reformulação da logomarca, da criação do* slogan, *do mascote do Setor de Comunicação Social, e da escolha do animal-símbolo para o novo programa, que foi o Arara* Canindé. *Para esta última atividade, houve até participação dos filhos dos colaboradores. Também de forma coletiva, foi escolhido o uniforme de trabalho e instituído o uso do crachá*

para reforçar a identidade visual e o compromisso dos colaboradores com a equipe.

– E eles se envolveram mesmo?

– Para você ter uma ideia, após a reflexão sobre as reais necessidades de organização do grupo, dos procedimentos, o grupo apresentou sugestões de melhorias e novos métodos de trabalho. Aí, os procedimentos que foram construídos de forma coletiva foram comunicados, registrados em documento e submetidos à experimentação por período pré-definido, acompanhados por avaliações regulares e corrigidos a partir do consenso do grupo. A troca de opiniões, planejamento, execução e avaliação coletivos se tornou uma prática permanente na empresa.

– Como é o relacionamento com a comunidade?

– Ofereceremos visitas guiadas aos estudantes e professores das escolas locais, incluindo atividades de educação ambiental orientadas pelos próprios colaboradores, de forma voluntária.

– Que maravilha! Estou certo que é...

> Feliz aquele que dissemina a consciência de cidadania responsável entre todos os colaboradores. Sua organização fará diferença no mundo.

– Me fale sobre o processo de aprendizagem.

– Primeiro o Setor de Comunicação estimulou as pessoas a falarem em grupo sobre os seus erros individuais e coletivo e o aprendizado que obtiveram a partir da experiência. A partir das oportunidades de melhoria identificadas, iniciamos um processo de orientação aos colaboradores e encaminhamento

para treinamentos, visando o estímulo ao estudo, à elevação do nível de escolaridade e à oportunidade de crescimento na própria empresa.

– *Muito bom! Por essas e outras que costumo dizer...*

> Feliz aquele que, com espírito altruísta, doa-se e compartilha os seus dons e saberes. Será recebido com honrarias em todo lugar.

– *E o que mais?*

– *Também implantamos um sistema de avaliação de desempenho, considerando o desenvolvimento individual e departamental. Os colaboradores foram divididos por departamento e estimulados a conversarem, compartilharem conhecimentos e práticas entre si, aprenderem uns com os outros, descobrirem habilidades e talentos especiais, e através da troca de informações ampliarem o nível de qualidade do trabalho individual e departamental. A partir da autoavaliação de desempenho e da avaliação em grupo, os colaboradores foram orientados a estabelecer planos de desenvolvimento individuais, visando atingir metas de crescimento e obter oportunidades de carreira na empresa. Por fim, entendemos que a empresa deve ser um ambiente educativo e procurarmos traduzir isso na organização e decoração do espaço. Para recompensar o esforço criamos prêmios anuais de desempenho.*

– *Prêmios em dinheiro?*

– *Não. O prêmio é um reconhecimento formal do mérito e, junto com isso, oferecemos cursos de graduação ou aperfeiçoamento, com a possibilidade de promoção e aumento da remuneração. O sistema buscou valorizar o diálogo interno, o autoconhecimento, a compreensão de que o crescimento e o sucesso são construções individuais, cabendo ao colaborador a responsabilidade de compreender a empresa e os gestores como agentes mediadores.*

– E como é o Plano de Gestão Participativa?

– Resumindo, significa a responsabilidade sobre a tomada de decisões, de forma compartilhada, promovendo o exercício da cidadania e da democracia no ambiente organizacional. Todos foram convidados a participar ativamente da gestão da empresa, conscientes da importância da colaboração para a transformação e a elevação dos resultados. Estabelecemos um cronograma de assembleias para analisar os processos da gestão, promover as mudanças necessárias e reconhecer o colaborador como agente ativo desta construção. Implementamos o Programa de Responsabilidade Social Arara Canindé, que hoje conta com 25 projetos para ações e melhoria contínua em diversas áreas da gestão de pessoas e do negócio.

– Pelo que pude ver, quebraram outro paradigma na questão da autoridade, não foi?

– Sim. Mexemos com o exercício da autoridade no controle de tarefas executado por todos os gestores.

– Como assim?

– Cada colaborador foi convidado a revisar e reconstruir a sua própria descrição de cargo, com o compromisso de incluir em todas as suas tarefas as responsabilidades inerentes à sua função. As descrições foram analisadas coletivamente, e alteradas quando necessário. Os gestores foram orientados

a delegar tarefas com maior grau de responsabilidade. E reconhecemos as decisões tomadas pelo colaborador. Assim acompanhamos através de avaliações trimestrais e feedback *permanente, estimulando o autocontrole, o autoplanejamento e a autoavaliação que são fatores valorizados para o bom funcionamento do trabalho.*

– Bem, não dá para calar diante de tudo isso...

> Feliz é quem faz com que os empregados sintam orgulho de saber que estão construindo um patrimônio que também pertence a eles. Elevará à enésima potência o nível de comprometimento da equipe.

– E tudo isso está dando lucro, porque é isso que também se pretende com o negócio, certo?

– Claro! Os nossos indicadores sociais estão de acordo com os critérios do balanço social do Ibase. Houve queda da rotatividade, elevação do nível de escolaridade, retenção de colaboradores acima de 45 anos, maior número de mulheres e negros na empresa e em cargos de liderança. E quanto à sua pergunta específica, a ICQL Química obteve 55,58% de aumento nas vendas. E em 2010, com base nos resultados apresentados, a empresa estabeleceu a visão de crescimento de 100%, até 2015.

– Excelente! Seu depoimento confirma que...

> Feliz é quem alimenta as potencialidades dos seus liderados ajudando-os a superarem a si mesmos. Regozijará com os indicadores da alta *performance*.

– Quais foram as maiores dificuldades que enfrentaram e o que fez para superá-las?

– Além da resistência de alguns colaboradores mais antigos, houve dificuldade por parte de um dos sócios que era mais conservador, não concordando com o sistema participativo, o que gerou a dissolução da sociedade três anos após. Mas prosseguimos, e com determinação chegamos até aqui.

O que passa em seu coração quando você olha para a sua história?

– Gratidão e orgulho de chegar até aqui e saber que isso só foi possível pelo fato de ter encontrado pessoas maravilhosas que compartilharam e compartilham deste sonho, em especial a minha esposa Ana, que foi a responsável pela implantação do setor de Comunicação e Responsabilidade Social! Olhando para frente percebo que os desafios são cada vez maiores em busca de um sistema de melhoria contínua.

Cada vez mais os líderes precisam rever os modelos mentais para tornarem sustentáveis as organizações. O avanço das ciências tem revelado inúmeras outras possibilidades para a vida e também para a gestão. Margaret Wheatley diz que precisamos ter a coragem de dizer adeus ao velho mundo, de renunciar a maior parte das coisas que tanto prezamos, de abandonar as nossas opiniões a respeito do que funciona e do que não funciona. Precisamos aprender a ver o mundo de maneira nova. Ainda estamos presos ao modelo newtoniano-cartesiano, que é fragmentador e reducionista. As novas descobertas que a biologia, física e química trazem, por exemplo, devem nos levar a refletir também sobre novas formas de pensar o mundo e as organizações. Não há receitas prontas nem fórmulas, só existe o que criamos por meio da nossa relação com os outros seres humanos e com os acontecimentos. Nesse campo há uma nova espécie de liberdade; nele é melhor investigar do que concluir, melhor perguntar do que responder, melhor procurar do que ficar à espera. Na teoria da motivação, nossa atenção vai passando do fascínio pelas recompensas externas para os motivadores intrínsecos que brotam do próprio trabalho. Estamos voltando a pôr em evidência o nosso profundo anseio de comunhão, de sentido, de dignidade e de amor na vida empresarial. Em vez de segmentar o ser humano ou de acreditar que os trabalhadores podem ser limitados ao desempenho de funções específicas, como se não passassem de engrenagens no mecanismo da produção, estamos começando a levar em conta as fortes emoções que fazem parte da condição humana. Se não valorizarmos a inteireza humana, como iremos enfrentar os desafios? Só os inteiros é que estarão prontos para fazer a dura jornada e conquistar a recompensa.

> Feliz é quem defende a ideia de que o objetivo principal da empresa não é só o lucro, mas também criar transformações positivas nos empregados e na comunidade. Será considerado um arauto dos novos tempos da liderança.

Exercícios para refletir sobre a recompensa

A conquista da recompensa é a etapa em que, passada a provação, o herói reconhece que a luta não foi em vão e é reconhecido pelo seu esforço. Para ser sincero, não teria sentido tanto esforço e até sofrimento se não houvesse sequer um alento. Afinal quando nos empenhamos para atingir um objetivo é justo ser recompensado.

Para mim, não há maior recompensa que a consciência tranquila de que estou no caminho certo cumprindo a missão que me foi confiada.

Quando os clientes reconhecem que o trabalho contribuiu para os resultados da empresa e para uma nova consciência das lideranças e suas equipes, que melhorou o clima, a motivação e o engajamento de todos, sinto-me recompensado. E vez por outra acontece uma surpresa. Em 2004 o CRA-RJ me concedeu diploma de honra ao mérito pela contribuição com a Ciência da Administração e valorização da Profissão. Foi emocionante demais! No final de 2012 ao me desligar do Conselho Deliberativo da ABRH-RJ, recebi esse e-mail do amigo José Carlos de Freitas, um dos diretores da seccional. Sou imensamente agradecido a ele e à ABRH-RJ.

Meu amado irmão,

Desde muito tempo – há 14 anos – na ABRH-RJ acostumei-me a aprender com sua sabedoria e tranquilidade, sempre dando o equilíbrio espiritual necessário em todas as nossas decisões. Amado irmão, saiba que a ABRH-RJ deve muito a você nesse tempo ininterrupto que você ficou na Diretoria e no Conselho. Sempre que a instituição necessitou de um trabalho que tivesse resultados assegurados com ética e um forte viés humano, você foi lembrado. A credibilidade do Prêmio foi recuperada com você com as regras que criamos, a indicação com qualidade de temas e palestrantes dos inúmeros congressos, o Grupo GP que fundamos, tantas decisões que você ajudou a tomar, o RH na Praça, os aniversários da ABRH-RJ, as palestras e fóruns, enfim, tudo o que você fez – e muito bem – em prol do associado e da comunidade de RH do Estado. Sempre que você foi convocado, abraçou a causa com amor e competência.

Trabalho voluntário de primeira categoria, com dedicação, com compromisso, com união, com alegria, com espiritualidade. Tudo o que você realizou é digno de exemplo a ser seguido e de história a ser contada. Pena que somos falhos em registros detalhados sobre isso. Mas quem se importa com isso? As pessoas de bem que falam de seu trabalho na ABRH-RJ lembram sempre com um sorriso nos lábios e com paz no coração, pois a memória que todos têm sobre ele é inteiramente AFETIVA.

Sua marca está na ABRH-RJ para sempre, querido amigo. E a ela devemos gratidão por tudo o que foi feito.

Deus lhe abençoe e, mais uma vez, muito obrigado.

Um abraço e um beijo carinhoso do amigo

José Carlos de Freitas

A vida tem proporcionado inúmeras recompensas, chegam como bênçãos celestiais que vou colhendo ao longo do caminho. Essas, para mim, são as melhores, quando percebo nas sutilezas o quanto tenho sido agraciado, então me volto para agradecer Àquele que tudo provê para o nosso bem.

http://www.animah.com.br/qrcode/qrcode9.pdf

9

O preparar-se para o retorno

Feliz é quem aceita ser avaliado pelos liderados. Aperfeiçoar-se-á na arte da liderança e ganhará o troféu da admiração e do respeito.

Nunca conheci alguém igual a Melissa. Assisti à sua palestra em um seminário. Falava com tanta autoridade que ficamos encantados com sua sabedoria e proficiência. Melissa, mestra em educação, é cega. Abriram espaço para perguntas, mas não houve tempo para responder a tantas. Lembro de algumas, mais ou menos assim:

– Como fez para alcançar tudo isso?

– Não vou dizer que foi fácil. Cada passo é uma conquista que celebro, porque sei que estou na direção certa. Aprendi cedo que deveria lutar para conseguir o que queria. Muita persistência. Dediquei-me aos estudos com determinação para atingir meus objetivos.

– E como foi lidar com a deficiência visual?

– Perdi a visão na infância e foi uma grande crise. Depois de recorrer a todos os recursos da medicina e constatar que não havia jeito, assumi que assim deveria viver. Hoje, se me fosse possível escolher, diria que prefiro continuar assim. Aprendi a enxergar com o coração.

Nesses tempos de mentalidade pragmática, em que se visa, a qualquer custo, obter a melhor produtividade e Ebitda, é uma ousadia consultar o coração para saber se está no caminho certo. Nesse ambiente de tanta pressão por resultados, ameaças, oportunidades e forças conflitantes, será o coração o oráculo que responde qual é a melhor decisão a tomar?

O Apóstolo Paulo, pressentindo que chegara a sua hora, escreveu ao seu discípulo Timóteo:

> *Quanto a mim, estou a ponto de ser imolado e o instante da minha libertação se aproxima. Combati o bom combate, completei a corrida, guardei a fé. Resta-me agora receber a coroa da justiça, que o Senhor, justo Juiz, me dará naquele dia, e não somente a mim, mas a todos aqueles que aguardam com amor a sua manifestação.*

Ele apresenta alto nível de consciência com relação à sua missão. Está longe do pragmatismo atual que entende resultados como meros números alcançados, tantas vezes sem sentido para quem trabalhou. Para ele havia propósito e significado em cada ação. Por isso percorreu longas distâncias, enfrentou perigos, perseguições, construiu comunidades, formou lideranças e deixou um legado que até hoje suas palavras são fonte de inspiração. Se todos tivessem essa consciência, as decisões seriam melhores e visariam mais o bem comum que os interesses egoístas que tanto prejuízo causam à vida. Quantos veem significado no trabalho? Quantos refletem se estão combatendo o bom combate?

Tempos atrás fui a um velório de um colega dos tempos em que atuei como executivo de recursos humanos. Fazia tempo que não o via quando recebi a notícia de sua morte. Tampouco não encontrava com os demais colegas daquele tempo. Apesar do clima de comoção, em determinado momento, percebemos que havia alegria pelo reencontro com os amigos que ali velavam. E boas recordações vieram...

Nas minhas palavras, até onde me lembro, esses foram alguns depoimentos:

O que mais admirava nele – disse Helena – era a capacidade de alegrar o ambiente. Às vezes a situação estava crítica, ele chegava com uma piada, sacaneava um e outro e no final dava tudo certo.

Você se lembra – falou Orlando – daquela vez que ele nos pediu feedback*? Todo mundo pensou: "que será que ele quer com isso?", e ele foi bem acolhedor e didático: – Só quero saber o que pensam da minha liderança – disse. Na época eu era analista. Hoje sou gerente em outra empresa e faço o mesmo com a minha equipe, costumamos nos reunir e conversar sobre o desempenho e comportamento de cada um de nós. Isso devo a ele!*

Sabe que você me fez lembrar de outra situação, Orlando? – disse Raquel. Tinha cometido um erro terrível. Ninguém soube. Fui falar com ele e achava que ia ser demitida. Se eu fosse a gerente eu demitiria. Estava tão nervosa que nem conseguia falar direito. Pois ele me acalmou e me escutou atentamente. Me perguntou sobre as consequências do meu erro e do meu aprendizado, e o que poderia fazer a partir daquele momento... saí da sala outra pessoa!

O que mais me marcou na convivência com ele – foi a vez do Renato falar – foi sua capacidade de dialogar. Ele nos fazia sentir que éramos necessários e especiais. Nunca mais tive um líder igual. Trabalhamos juntos quase cinco anos e foi uma ótima escola! Hoje sou supervisor e procuro dialogar com todos para tomar as decisões de forma compartilhada.

Mas acho – interrompi – que havia nele algo que o fazia ser diferente de muitos outros e isso causava até certo sentimento de ciúme, não acham? Uma vez ele me contou por que ficava todos os dias até mais tarde no escritório. Enquanto amenizava o rush, *refletia em silêncio sobre o que havia acontecido durante o dia. Só após esses momentos se sentia preparado para tomar as decisões mais difíceis.*

– E olha que achava que ele ficava trabalhando! – Falou Helena.

– E ficava – disse eu. Mas não é uma forma mais inteligente de trabalhar? Naquele ano tive o privilégio de ter tirado o nome dele no amigo oculto. Ainda me lembro que por causa disso escrevi na dedicatória no livro que dei de presente para ele...

> Feliz aquele que perscruta o mistério da vida e se conecta com o insondável e transcendente. Saberá interpretar os sinais do universo e será reconhecido como líder sábio.

– E se tornou – enfatizou Pedro Henrique. Aqui estamos falando sobre os bons exemplos que nos deixou. Para mim, essa dimensão espiritual dele foi marcante. Mas, não acho que

foi ciúme... é que a gerência dele se destacava em resultados e lá parecia que todo mundo era feliz.

– Parecia não, era – reagiu Raquel. Nós celebrávamos tudo. Até os erros ele sabia transformar em aprendizado!

– Vou contar uma coisa para vocês – se achegou o Rui. Fomos pares e garanto que não havia ciúmes. Tinha certo desconforto por parte de alguns. Eu mesmo senti uma vez. Afinal todos éramos bem formados e estávamos na mesma posição... Uma vez, em um treinamento gerencial, no final do dia, em meio às piadas e sacanagens que sempre rolam, nós o provocamos. E, sem que percebêssemos, o que era descontração acabou se tornando um momento impagável de diálogo.

– O que aconteceu? – perguntamos juntos eu e o Pedro.

– Ele começou a perguntar sobre o que cada um achava que podia fazer a diferença na equipe. Depois de uma brincadeira aqui e ali, o assunto foi se tornando sério sem perder a leveza.

– E o que saiu de resultado? – Pedro Henrique quis saber mais.

– O que ficou claro, que o que faz a diferença é a qualidade dos nossos relacionamentos. Muitas vezes, no afã de atingir as metas, nos esquecemos disso e acarretamos sérios danos em nossas relações com as pessoas que prezamos.

– É verdade – disse José Carlos, que até esse momento escutava calado. Me lembro desse evento, Rui. Teve mais um resultado bacana, você se recorda?Ao longo da conversa o grupo se tornou mais autêntico. Isso é fruto do diálogo. E,

sem que estivesse programado, nos alinhamos muito mais do que em inúmeras reuniões da empresa.

– Isso até mudou a forma de nos relacionarmos, as nossas reuniões passaram a ser mais produtivas e as nossas decisões muito mais sensatas – ponderei. É que o diálogo passou a fazer parte da nossa vida. Antes discutíamos e as reuniões se transformavam em debates onde cada um queria fazer valer a sua ideia. Havia competição, não podemos negar. Naquela noite despertou uma nova consciência sobre escutar e aprender com o outro, o que ajudou a compreender a diversidade natural que há nas organizações.

– Caramba! – disse Renato – deve ter sido muito bom esse treinamento!

– Até foi Renato – disse Rui. Mas veja o que mais lembramos daqueles três dias! No dia seguinte, quando começamos a traçar as diretrizes do planejamento estratégico, tudo estava diferente. Muitas fichas caíram naquela noite.

– Você se lembra, Rui, que ele sugeriu que começássemos a reunião com um tempo de silêncio? – perguntei. Teve até uns risinhos, mas já tínhamos embarcado nas suas ideias e aceitamos. Ele explicou que o silêncio é fundamental para uma boa prática do diálogo e para desenvolver a inteligência coletiva. E como era isso que precisávamos, fomos fundo... e aquilo abriu a nossa mente para novas percepções e saímos da "caixa".

Fomos interrompidos com o convite para a oração e a despedida.

Havia um ministro da Igreja que citou uma frase de Jesus: "a quem muito foi dado, muito será cobrado". Refletiu sobre como a maneira que agimos e nos comunicamos expressa o caráter individual, e como os valores fazem a diferença no grupo social, seja família, amigos, empresa. Depois, nos convidou a uma reflexão sobre como temos vivido as nossas vidas, nesse ritmo que tantas vezes nem permite dar atenção ao que realmente importa, e sobre o trabalho que em vez de gerar felicidade pode ferir a dignidade e nos afastar da nossa essência. Também me tocou quando falou sobre a importância do legado e das marcas que deixamos na vida das pessoas. Disse que alguns deixam mais cicatrizes que marcas, e que uma forma de saber se combatemos o bom combate ao longo da vida são essas marcas deixadas por onde passamos. E disse...

> Feliz aquele que manifesta a sua alma em tudo o que faz. Os resultados serão tão reluzentes quanto a luz de sua aura.

E não era sobre isso que falávamos antes de começar a pregação?

Bem sei que, para os que ficam, o outro sempre parte cedo demais. Parece-me que, como Melissa, esse amigo que partiu tão cedo também enxergou com o coração e descobriu o caminho da liderança com sabedoria. Ele transgrediu os modelos apresentando um novo jeito de gerir os negócios e a equipe, possibilitando o desenvolvimento das potencialidades dos seus liderados, de tal modo que se tornou uma referência para todos com quem conviveu. Quando me lembro dele, ainda me emociono e tudo isso só confirma a minha convicção de que o Líder para ser efetivo precisa ser também afetivo.

Exercícios para preparar-se para o retorno

Esse é um tema crítico. Mas, sabemos que é inexorável, todos vamos nos encontrar um dia no derradeiro portal. O herói sabe disso e se prepara para o retorno definitivo, refletindo sobre o seu legado e as marcas que pretende deixar na vida das pessoas e nos lugares por onde passa.

Nessa fase, o herói percebe o tanto que caminhou e prepara o alforje com o essencial para retornar para casa. O alforje se torna símbolo da sabedoria. Ela ajuda a interpretar o passado, lança novas luzes sobre os caminhos de ontem e de hoje, e como um farol sinaliza por onde retornar. Então, tudo se ilumina: sim, tudo vale a pena!

A consciência de que tudo é transitório é que nos dá a liberdade de agir e de desapegar de tudo. A vida, os valores espirituais, o legado que vamos deixar é infinitamente superior às mesquinharias que podem tornar a jornada mais difícil e sofrida. É preciso esvaziar o alforje do que não nos serve. Que fique apenas a sabedoria!

Já me peguei muitas vezes refletindo sobre o assunto. Há alguns anos li um livro de Jean-Yves Leloup: *A arte de morrer*. Lembro que na ocasião minha filha, ainda pequena, espantou-se com o título e me perguntou se morrer é uma arte. Expliquei para ela que é uma arte quando sabemos transformar a vida também em uma obra de arte, porque a arte de viver e a arte de morrer estão interligadas. Certa vez, participando de um retiro espiritual, fomos estimulados a meditar e refletir sobre o derradeiro retorno. Foi um profundo exercício de olhar para a própria história e reflexão sobre a vida a partir da morte. Descobri que ela é uma sábia conselheira. Penso que todos deveriam viver uma experiência como essa, pois preparar-se para a morte significa, na verdade, saber viver com intensidade cada dia.

Se até essa etapa, por mais que tenhamos passado pelo vale das sombras da morte, foi um grande aprendizado, preste atenção no fim. Agora é a melhor parte.

http://www.animah.com.br/qrcode/qrcode10.pdf

10

O vencer novos desafios

Feliz é quem faz o que realmente importa e faz os outros se sentirem importantes partícipes de uma grande causa. Será corresponsável pela evolução humana e planetária.

Mal vencemos algumas batalhas e surgem outras. Umas mais amenas outras mais árduas, mas, se extraímos lições das passadas, estaremos prontos para as futuras. A energia precisa estar sempre revigorada, para tanto ter consciência do que se quer é essencial. Do contrário, quem poderá suportar a avalanche de desafios da vida?

No filme *Julius Caesar* do diretor Uli Edel há uma cena memorável, cujo texto reproduzo a seguir. Para conquistar mais territórios para Roma, Julius Caesar chega à Gália e enfrenta uma das mais duras batalhas: a Batalha da Alésia. Muito do que se sabe de sua época e seu governo foi escrito pelo próprio. No filme, durante o cerco de Alésia, ele escreve para a sua esposa:

> *Minha querida Calpúrnia, estou fazendo todo o possível para voltar para casa a salvo para você. Deve ter sabido que construímos*

um muro para segurar os guerreiros de Alésia. O que você pode não saber é que construímos uma segunda muralha para manter os aliados deles de fora. Digo isso para lhe acalmar. Eles podem juntar dez vezes o nosso número e ainda vamos derrotá-los. Porque não são os números e sim a visão que vence as guerras. Minha visão é a de voltar para você, meu amor. E não apenas retornar, mas retornar vitorioso como eu lhe prometi. Quando meus homens estão cansados, nem sempre posso deixar que descansem. Quando estão famintos, nem sempre posso alimentá-los. Mas quando eles esquecem sua visão, eu divido a minha com eles. E quanto mais eu divido, mais forte ela fica.

Para mim, essas palavras têm uma força sem igual: não são os números e sim a visão que vence as guerras!

Estudos desenvolvidos por membros da World Business Academy e da Society for Organization Learning indicam o poder da visão compartilhada. Há de fato um poder na visão porque se trata de uma criação das forças da mente e do coração. Quando conjugamos essas forças elas expressam o que é mais importante para nós, o que realmente queremos realizar. Em 2010 convidamos Michele Hunt, fundadora da consultoria Vision & Values, sediada em Washington, para uma conferência no Congresso da ABRH-RJ. No final de 2012 nos reencontramos em Natal, onde palestramos no Congresso da ABRH-RN.

Em um dos nossos jantares conversamos a respeito desse assunto:

– Estou certa – disse Michele – que a visão e os valores são os guias da jornada, sem eles, seria uma caminhada no escuro.

– Peter Senge – disse Paulo – diz que a visão compartilhada é uma força no coração das pessoas, capaz de gerar alto nível de comprometimento e criar uma identidade comum. E quando é bem compartilhada gera uma forte conexão entre todas as pessoas.

– Por isso mesmo – insistiu Michele – que a visão deve partir de cada pessoa, senão elas somente assinarão embaixo da visão do outro. Minha amiga Marjorie Parker diz que a visão é a expressão mais profunda do que queremos criar juntos.

– Ah! Mas acho que isso não funciona aqui no Brasil – contestou Antonio. Aqui dá para dizer que oito entre dez empresários não estão nem um pouco preocupados em compartilhar a visão com os seus empregados. Vigora ainda o patrão coronel que determina como deve ser e pronto.

– Até certo ponto tem razão – disse Ana. Fizemos uma pesquisa com diversas empresas, e o ponto mais crítico é que falta muito para que o modelo de gestão participativa seja praticado.

– Não disse? – enfatizou o Antonio – para nós aqui ainda há longo caminho a percorrer.

– Um amigo meu – retomou Ana – trabalha em uma empresa brasileira e me contou que no ano passado, durante a convenção anual, o presidente apresentou a nova visão de futuro da empresa. Todos aplaudiram, mas, se perguntasse para qualquer um depois, ninguém saberia dizer qual era a tal visão. Logo, não houve adesão.

– Não seria então uma oportunidade para realizarmos as mudanças aqui no Brasil? – questionou Paulo.

– Não sei não... – murmurou Antonio.

– Vocês conhecem o livro *Gerenciamento Quântico* de Charlotte Shelton? – perguntei e, sem esperar resposta, fui dizendo: trata da aplicação dos princípios da física quântica na gestão.

– Que interessante! – disse Michele. Não conheço. O que diz?

– Um dos pontos que destaca é a habilidade da visão quântica.

– O que isso quer dizer? – perguntou Teresa.

– Essa habilidade nos permite selecionar conscientemente nossas intenções, deixando assim nossas percepções em harmonia com nossos anseios.

– Faz sentido – ponderou Paulo. A intenção serviria como uma lente de aumento que nos possibilita enxergar melhor e, assim, fazer escolhas coerentes.

– Ela diz que, se ansiamos por dar à luz uma nova realidade, devemos começar com uma clara intenção do que queremos criar – ponderei.

– Está aí a janela que se abre! – exclamou o Paulo. Vamos criar a intenção coletiva das mudanças que queremos.

– Vocês não percebem que quem está no poder não vai compartilhar porque tem medo de perder o poder? – retrucou Antonio.

– Penso – falei – que o caminho é despertar a consciência deles de que ao fazer isso estarão potencializando o poder deles e não perdendo. Terão mais autoridade e maior engajamento, porque passará a ser a “nossa visão” e não a visão de um só imposta para todos. Acho que é por aí que precisamos trabalhar...

> Feliz aquele que acredita que um grupo de pessoas comprometidas com a mesma causa é capaz de transformar o mundo. Cumprirá a sua missão como líder visionário e realizador.

Michelle concordou lembrando que o mais importante é o processo de construção da visão compartilhada. Rimos das histórias de alguns que querem fazer de suas visões a visão da organização e por isso, muitas vezes, não obtêm o engajamento dos seus liderados.

E é baseado nesses pressupostos que tenho facilitado alguns *workshops*, cujos resultados me entusiasmam.

No final de 2011 fui convidado para um trabalho de team building *com a equipe de direção da nova fábrica da Michelin, na cidade de Resende – RJ. Eram doze executivos provenientes de diferentes áreas, com experiências em outros países, que estavam assumindo a responsabilidade de implantar uma moderníssima indústria com metas ousadas já para o primeiro ano de operação. Cesar Moñux, o diretor-geral, veio da Espanha com grande entusiasmo. Em nosso primeiro contato ele me falou:*

– Sei que a minha responsabilidade é criar uma cultura com base nos objetivos e valores centrais da companhia, e preparar a equipe para os desafios que temos pela frente. Esse é o meu desafio. Preciso de sua ajuda para construir a equipe de direção de modo que todos estejamos muito bem alinhados.

> Feliz é quem lidera pelo exemplo e inspira os outros pelos valores que vivencia. Deixará a sua marca como valor inestimável e um legado que o tornará inesquecível.

Apresentei uma proposta para trabalharmos com a Investigação Apreciativa. Essa abordagem desenvolvida por David Cooperrider busca resgatar o que há de melhor nas pessoas e organizações, capitalizando esses recursos para alcançar a visão de futuro. É desenvolver uma cultura baseada em valores e naquilo que funciona. Pelas experiências de cada um é possível identificar as forças da equipe, tornando-as bússola do comportamento e o "cimento" que une no mesmo propósito.

Trabalhamos intensamente em um clima de alta cooperação e diálogo. Expliquei todo o processo da Investigação Apreciativa. Na primeira fase, chamada de Discovery *(descoberta), as pessoas compartilharam histórias de sucesso, percebendo a história organizacional como uma possibilidade positiva.*

Esse momento foi extraordinário. Ouvir as histórias de grandes líderes, de como superaram desafios no âmbito pessoal e profissional, nos fez perceber uma energia tomando conta do grupo. Desse diálogo emergiram os fatores-chave de sucesso. Eles sintetizaram em cinco:

1) Comunicação mobilizadora e escuta empática.

2) Resultados espetaculares com método e perseverança entusiástica.

3) Ambiente humanizado.

4) Espaço para aprendizagem e desenvolvimento.

5) Liderança exemplar e servidora.

Percebi o entusiasmo deles e, como não podia deixar de ser, fiquei contagiado e refleti...

> Feliz é quem acredita que o poder e a eficácia da empresa residem nas pessoas que a constituem e por isso se dedicam a extrair o melhor de cada um. Será aclamado como líder iluminado em todos os lugares.

Na segunda fase – Dream *(sonho) – é criada a visão de futuro e os resultados que se quer alcançar. O foco é a construção do sonho com base nas forças existentes. Esse processo acelera a mudança, aumenta a taxa de melhoria e a velocidade para atingir as metas, além de oferecer uma série de efeitos colaterais poderosos. Quando perguntamos "Qual é a nossa causa mais nobre?" a energia na sala costuma mudar. As pessoas demonstram que estão inspiradas e se arriscam a entrar na área do serviço maior. Dessa forma, a busca interior e pessoal por um "objetivo" na vida se integra ao objetivo e à visão da corporação. Usando técnicas de meditação e visualização criativa, convidei os participantes a visualizarem o futuro da nova fábrica e em seguida compartilharam. Foi um momento mágico. À medida que cada um compartilhava sua visão, os olhos brilhavam ao perceberem o quanto havia de comum e o quanto estavam alinhados. Então foi muito fácil sintetizar em uma frase o que o coração e a mente de todos revelaram:*

> Nós somos reconhecidos como uma equipe exemplar, referência em MMW e na gestão das pessoas e com resultados espetaculares.

Concluí essa etapa provocando...

> Feliz aquele que aprendeu que liderar é servir e considera que o resultado só é bom se for bom para todos. Terá o seu nome gravado na história como exemplo para muitas gerações.

Nas reflexões que seguiram, eles perceberam com clareza três capacidades críticas da liderança: construir uma visão comum a todos, trazer à tona e questionar os modelos mentais e adotar o pensamento sistêmico.

É certo que cada vez mais enfrentamos questões para as quais a autoridade hierárquica se mostra inadequada. Não dá para pensar que em sistemas complexos uma única pessoa, seja presidente de empresa ou qualquer outra liderança, considere-se capaz de transformar ou de criar, sozinho, uma cultura pautada em valores, ou ainda de fazer com que a sua visão seja a mesma de todos, só a inteligência e a construção coletivas são capazes de tanto.

Nesse sentido, Cesar fez uma proposta genial. A partir de suas experiências como executivo em outras plantas, e diante do novo desafio que reúne centenas de colaboradores e muitos de diferentes nacionalidades, ele apresentou um texto que teria uma grande força simbólica para a fábrica. Na verdade, ele convidou a todos a completarem o texto – ele propôs a primeira parte e o grupo deveria concluir a sentença – o que se tornou um exercício altamente participativo, e em consenso o grupo definiu o seguinte:

- A nossa ambição: ser referência
- O nosso desafio: a produção
- A nossa oportunidade: descobrir talentos
- A nossa cultura: a empresa
- O nosso tesouro: pessoas
- A nossa força: diversidade
- O nosso método: MMW

- A nossa identidade: nossos valores
- A nossa língua: compreensão
- O nosso espírito: equipe
- O nosso idioma: português
- A nossa ferramenta: tecnologia
- O nosso orgulho: Brasil

Foi um momento de emoção. Imaginamos toda a fábrica repetindo o refrão em uníssono. Percebi o quanto todos estavam comprometidos. A próxima etapa era contagiar os liderados. Não tinha dúvida que eles conseguiriam fazer isso! Assim pude dizer...

> Feliz é quem compreendeu a força do símbolo e do imaginário. Ampliará o seu poder da comunicação e mobilização das pessoas.

No dia seguinte prosseguiram com a fase do Design *(desenho), que é a criação da arquitetura para realizar o sonho. Elaboraram o plano de ação seguindo o modelo de construir o "olhar apreciativo" em todos os sistemas, procedimentos e métodos de trabalho.*

> Feliz é quem constrói as regras de conduta com os seus colaboradores. Os alicerces da equipe serão inabaláveis.

Voltei a falar com o Cesar para lhe pedir autorização para publicar essa história, e eis o que me respondeu:

– Você tem que saber que a palavra espetacular é repetida todos os dias nesta fábrica, desde o nosso team-building. *Nosso com você. As pessoas são o nosso tesouro espetacular, os resultados são espetaculares, a equipe é espetacular, a fábrica é espetacular. Os colaboradores não sabem ainda que o presente*

de Natal, que eles terão no jantar fraterno da equipe, será uma camisa Michelin com as palavras "equipe espetacular".

– É isso! – exclamei. Não é o que a visão é, mas o que provoca na vida das pessoas.

E ele prosseguiu: – Com certeza tenho fé na liderança de serviço... temos que vivê-lo, temos que sabê-lo e temos que dizê-lo. Temos que colocar essa "semente" no coração dos colaboradores que também são líderes. Essa é a nossa responsabilidade. Além disso, é uma liderança sem barreiras de cultura. Muitos falam hoje de indicadores industriais. Um indicador que tenho é quantas vezes a minha mulher me fala que escutou nas lojas de Resende que os líderes da nossa fábrica são diferentes. E empregando as palavras duma pessoa tão sábia quanto você... não temos que reter as pessoas... elas vão querer ficar.

– Pois é – disse eu...

> Feliz aquele que definiu o clima de felicidade como indicador para a equipe. Obterá alto desempenho como recompensa.

Para enfrentar os desafios é preciso abrir a mente e o coração. Precisamos abandonar a ideia que o coração é coisa de fracos, ao contrário, o coração é dos fortes que desenvolvem sabedoria. Como diz Peter Senge "o caminho para adiante é tornar-se mais humano, e não apenas mais inteligente. É sobre descobrir como agir a serviço do todo, a uma causa maior e não apenas a serviço dos próprios interesses".

Para isso é preciso coragem, isto é, agir com o coração. Abrir a mente, coração e vontade é imprescindível para realizar as transformações. Ter consciência que somos apenas parte do todo implica abrir-se ao diálogo para construir juntos o caminho a ser trilhado.

Essas são atitudes do líder servidor. Ele acredita que somente juntos encontrarão respostas para as questões que afetam a todos. Não se trata de romantismo. O líder servidor cria vínculos, constrói sólidos relacionamentos, eleva a autoestima dos colaboradores, desperta a confiança, o respeito e admiração de todos porque é autêntico e ajuda a despertar o que há de melhor em cada um. Richard Barret diz que "a melhor maneira de fazer negócios é quando as pessoas nele envolvidas vivem de acordo com as suas motivações mais profundas e se esforçam – em um ambiente propício – para se tornarem tudo que puderem ser em termos humanos e profissionais". O líder que se desenvolve e cultiva valores humanistas sabe estimular o desenvolvimento humano da sua equipe. Seus motivos e ação vão além da produção de resultados materiais, ele sabe que o bem comum está em jogo e que a atividade humana é realizada por pessoas de carne e osso, com alma e emoções, com famílias, preocupações e problemas e não são mão de obra ou recursos humanos a serviço do capital, mas que aderem a uma causa que lhes toca o coração, principalmente quando se tornam sujeitos da história. Como abri este capítulo, quando as pessoas estão por inteiro elas também se dão por inteiro para realizar a visão que foi compartilhada por todos.

De que outra forma o líder seria um agente de transformação?

Exercícios para vencer os novos desafios

Tendo percorrido quase toda a estrada, quando chega a essa etapa, o herói já passou por testes, ciladas, enfrentou inimigos e sabe com quem pode contar. O seu mentor – que é a sabedoria que o iluminou em todo o trajeto – está internalizado e o guia pelos abismos sombrios, sinalizando o momento certo das travessias. Já se livrou dos pesos desnecessários e tem em mente o legado que pretende deixar para a posteridade. Se buscava o "elixir", entendeu que a jornada é a própria recompensa. E prossegue confiante sabendo que novos desafios virão o tempo todo.

Tenho conduzido minha trajetória a partir do propósito que conscientemente estabeleci há alguns anos: a minha missão é contribuir com a evolução das pessoas e das organizações para que se tornem saudáveis e sustentáveis. Reafirmo assim que o propósito é o primeiro passo fundamental. Para mim, evolução significa mais que desenvolver. Desenvolvemos conhecimentos, habilidades, tecnologias, processos... precisamos evoluir a consciência e tocar no coração e na alma do ser humano. Outro aspecto que considero essencial é a espiritualidade e clareza dos valores. Esses são alicerce e bússola tanto em minhas decisões como em meus relacionamentos. E o terceiro aspecto que julgo importante para enfrentar os meus desafios é estar preparado também intelectualmente. O conhecimento se torna instrumento essencial para as minhas atividades, além de tudo é muito prazeroso. É necessário estar bem equipado. Aprendi que se não soubermos liderar a nós mesmos não lideraremos ninguém e que para isso é indispen-

sável tornar-se humano. Essa, para mim, é a condição para tornar-se um líder autêntico.

Estamos chegando ao fim dessa jornada. Já que você aguentou chegar até aqui comigo, pôde perceber que, como todas as jornadas, essa não é em vão. Nunca foi. Nunca será. Experimente, então, caminhar mais alguns passos e celebrar a transformação.

http://www.animah.com.br/qrcode/qrcode11.pdf

11

O transformar-se para transformar

Feliz aquele que cuida da vida e se doa para construir uma nova realidade com foco no bem comum. Sentirá, em todo tempo, orgulho de ser humano.

Quanto custa o processo de transformação? Por exemplo, quem não admira o Gandhi? Suas palavras e atitudes ainda ressoam despertando consciências para um novo modo de ser e de agir. Sua liderança sustentava-se na força da verdade, em sânscrito, *satyagraha*. Acreditava ele que, mesmo em meio aos sacrifícios, sofrimentos e conflitos da vida, havia um princípio de amor e de verdade que deveria vir à tona. Seu maior propósito era promover uma radical transformação social, de modo que não houvesse mais vitórias à custa do outro, e sim que, através do comportamento ético, amoroso, compassivo e não violento, se alcançasse o bem comum. Sem as dores, dificuldades e lutas, o que seria a vida? Se é assim que se faz um herói, é assim que também se faz um líder: nas batalhas, na superação dos obstáculos, na tomada de consciência de si mesmo, no conhecimento dos inimigos, em especial os internos, assim como dos aliados com quem se pode contar. Como na jornada mítica, o líder deve ser capaz de, uma vez conquistada a recompensa, retornar como alguém transformado e transformador. Mesmo com as duras batalhas que enfrentamos, mesmo com os obstáculos e inimigos que surgem ao longo do caminho, a jornada humana é de uma beleza indescritível.

Como eu, você deve conhecer muitas histórias de pessoas que empregaram seus esforços e competências para promover transformações, seja em uma organização, cidade, aldeia ou comunidade. A minha experiência no Morro do Jurumenha me possibilitou conhecer muitas pessoas simples e trabalhadoras, que se colocam a serviço do bem comum, como o Sr. Miguel, e lá aprendi o que é liderança íntegra e servidora. Ele não mediu esforços e com todos, de forma organizada e pacífica, conseguiram sair de uma situação de miséria, violência e abandono do poder público, para conquistar os direitos de cidadania e de uma vida digna para a comunidade.

Certa vez me disseram que só há transformação quando os que estão no topo da pirâmide querem. Contestei. Nem sempre quem está no topo quer transformação. É claro que quando querem tudo fica mais fácil. Porém, o contrário não impede – apenas dificulta – que as transformações ocorram. Já testemunhei como pequenas experiências que começaram de modo tímido em um setor ganharam consistência e produziram grande impacto na gestão da empresa. Sei, por experiência própria, que podemos influenciar e agir para promover as transformações. É claro que isso implica atuar de outra maneira. Gandhi, Buda, Jesus, Martin Luther King, Madre Teresa,

Mandela e muitos outros deixaram um legado que continua a iluminar os caminhos e nos mostram como agir. Todos fizeram a jornada interior, se transformaram e assim deixaram o mundo melhor. São precursores e abriram uma estrada para outros prosseguirem na missão. Assim entendo a jornada: cada um cumpre uma missão transcendente e contribui para a transformação, para que o mundo seja melhor para todos.

Conforme o Evangelista Mateus (5,13-16), essa é a missão que foi comunicada por Jesus Cristo:

> *Vocês são o sal da terra. Ora, se o sal perde o gosto, com que poderemos salgá-lo? Não serve para mais nada: serve só para ser jogado fora e ser pisado pelos homens.*
> *Vocês são a luz do mundo. Não pode ficar escondida uma cidade construída sobre um monte. Ninguém acende uma lâmpada para colocá-la debaixo de uma vasilha, e sim para colocá-la no candeeiro, onde ela brilha para todos os que estão em casa. Assim também: que a luz de vocês brilhe diante dos homens, para que eles vejam as boas obras que vocês fazem, e louvem o Pai de vocês que está no céu.*

Essa missão é delegada para todos , independente de crença religiosa. Ser sal da terra e luz do mundo é assumir a responsabilidade de tornar essa vida melhor. E se é para todos, muito mais para quem é líder.

> Feliz é quem respeita a sacralidade da vida e a coloca no centro de tudo. Será exemplo de liderança consciente e evoluída.

Nesse cenário tão marcado pela competição e pelo pragmatismo, muitas vezes ouço que essas ideias não se aplicam às organizações. Ora, mas é justamente nesses espaços que a luz deve brilhar! Senão, qual seria a sua utilidade? Haveria então, no mundo empresarial, líderes que fazem brilhar a sua luz?

Haveria pessoas que se transformaram e agora se empenham para transformar as empresas? Estou certo que sim.

Para mim, Flávio Almada é um desses líderes. Desde 2012 preside o Metrô do Rio, tendo já presidido grandes organizações no Brasil e no exterior. Sua história ilustra o que um ser humano transformado é capaz de realizar nas organizações. Quando o convidei a compartilhar um pouco da sua experiência, vivi mais um momento especial em minha vida. Esse é o relato da entrevista que fiz:

Robson: Me conta sobre como a dimensão espiritual tem marcado sua vida.

Flávio: Acredito que cada um tem dentro de si uma semente de ligação com Deus, uma semente de origem divina, que é essa energia amorosa, este sol que dormita em todos nós. Acredito que somos criados por um Ser – para mim Deus – que mantém dentro de nós a sua essência; uma chama divina que será eterna, que não se apagará com a morte do corpo físico. Entendo que a Espiritualidade transcende a toda materialidade, transcende ao nosso dia a dia, às nossas relações. E que é diferente da Fé, que ocorre ao longo da vida, e se trata de um exercício constante no qual consolidamos crenças. Acredito também que, por sermos bons e simples mortais – ou seja, seres não angelicais – é preciso que ocorram condições exteriores para fazer com que desponte o nosso sentido de Espiritualidade.

R: Como você desenvolveu a espiritualidade?

F: Comigo foi assim: aos 29 anos de idade, já me encontrava em etapa ascendente de realização pessoal e profissional. Ganhava excelente salário e desfrutava de muito poder, liderando equipes e viajando muito. Entretanto, a minha mais importante missão ainda estava por vir. Numa manhã, fazendo a barba e olhando para o espelho, me deparo com uma pessoa estranha diante de meus olhos. Essa pessoa era eu mesmo. Não me conhecia. Eu era uma incógnita para mim mesmo, e aquilo me incomodou profundamente. Quem sou eu? Por que estou aqui? As perguntas eram muitas.

R: De que modo essa busca contribuiu para você ser o que é hoje?

F: Após a minha imersão nos estudos da filosofia, ciências e religiões, veio então o meu grande salto em direção à Espiritualidade. Foi aos 37 anos de idade, quando fiquei viúvo, pai de três crianças, todas com menos de 10 anos. A partir dali foi imprescindível e fundamental que me tornasse pai e mãe ao mesmo tempo. Foi necessário enxergar que as crianças dependiam integralmente de mim, dos valores e de todo o carinho e amor que eu pudesse lhes dar, e muita, mas muita compreensão. A minha ficha caiu. Estava claro para mim que não adiantaria mais raciocinar somente no nível mental, me baseando em lógicas e parametrizando questões de vida; sendo o guerreiro e o provedor. Ou seja, representando aquele que busca e resolve. Claro, resolver, prover é muito importante. Mas era chegada a hora da emoção e do sentir. Eu deveria CUIDAR *do outro. Deveria cuidar dos meus filhos.*

R: E como você fez essa travessia?

F: Passei a ter que equilibrar em minha vida as energias Yin e o Yang, como preconizam os orientais. Era chegada a hora de harmonizar os sentidos das forças masculina e feminina. O ser feminino significa olhar as pessoas pelos ângulos da emoção, do sentir, do cuidar. É por isto que acredito que toda a mulher, quando dá à luz e se torna mãe, por si só já traz uma espiritualidade muito significativa. Procurei cuidar. Passei a ouvir e a sentir os meus filhos como nunca antes. A mergulhar com eles em suas dificuldades, em seus medos e dores e a buscar junto com eles os caminhos certos. Passei a aprofundar a minha relação com eles. A andar de mãos dadas, esmiuçando sentimentos e compartilhando reflexões. Passamos a falar de amor, de afetos, de paciência, de compreensão e de piedade; de deveres, de direitos e de propósitos de vida.

R: Embora inicialmente tenha sido uma experiência dolorosa, ela possibilitou uma vivência concreta dos valores espirituais...

F: É isso mesmo. Entendo que somos plenos e que toda a sabedoria está dentro de nós. É a chama de Deus que habita em nosso espírito. Busquei então o sentimento, o lado emocional. Foi isto que fez despontar em mim a Espiritualidade, o cuidar do outro.

R: Que profundo isso! Comungo inteiramente dessas reflexões. Você é kardecista e eu católico. Creio que o Espírito sopra os seus dons no coração de todos para nos colocarmos a serviço do bem comum. Me diga uma coisa: a posição que tem ocupado nos últimos anos como o principal executivo de grandes organizações leva você a tomar decisões sumamente estratégicas para o negócio e que, provavelmente, nem sempre é tão fácil. Como que essa sabedoria espiritual influencia em seu processo decisório?

F: É verdade, Robson. Sempre busco ouvir o meu coração, onde acredito se concentram o verdadeiro conhecimento e toda a sabedoria. Eu passo a minha intuição pelo crivo da razão. Apesar disto, acredito que a base de tudo é o sentido que se dá às coisas. As nossas atitudes são grandemente influenciadas por nossas verdadeiras intenções. E aí está, em minha opinião, o diferencial na qualidade de nossas decisões. É necessário que reflitamos sobre as nossas intenções e os valores que estão por detrás das mesmas. Creio que boas intenções sempre levam a decisões sustentáveis.

R: Também penso assim. É preciso analisar criticamente, mas sem perder de vista os valores e o propósito maior. Como o mundo poderia ser melhor se as pessoas decidissem assim, não é?

F: Sabe, Robson, tratando de relacionamento humano, penso que as relações entre as pessoas podem ocorrer de maneiras bem distintas: através de jogos psicológicos, ou assentadas em bases saudáveis. No primeiro caso as relações são baseadas em simbioses; na complementaridade das pseudonecessidades afetivas, suprindo-se um ao outro de carícias negativas. Esta é uma forma muito ruim, porque não permite a um ou ao outro o verdadeiro crescimento. Já os relacionamentos em bases saudáveis têm desdobramentos positivos. Neles há uma construção do real interesse pelo outro. Há uma vontade verdadeira de se contribuir para o crescimento e a felicidade do próximo, respeitando o seu ritmo e as suas crenças. Há neste caso a consciência de que ninguém tem a capacidade de mudar o outro, mas que pode e deve contribuir, através de um ambiente e de formas de relação que possibilitem a transformação do outro por ele mesmo; para a sua realização como pessoa nas várias dimensões.

R: Enquanto para muitos o poder sobe à cabeça, você conquista a sua equipe de outra forma. O que você faz?

F: Nas organizações por quais passei pude trabalhar de forma intensa esse conceito, que, aliás, assumi como minha missão de vida: contribuir para o crescimento das pessoas e com isso também aprender, e ter oportunidade de crescer junto como ser humano.

R: Como você percebe a reação das pessoas?

F: As pessoas percebem, intuem e reagem positivamente quando você se mostra interessado pelo seu bem-estar, por sua felicidade. Distinguem quando há real interesse ou quando estão sendo usadas. Em um mundo onde existem tantos jogos de poder e interesses egoísticos, a atitude de desenvolver no dia a dia, dentro das organizações, relações de confiança e de cumplicidade pelo êxito mútuo – e de estar aberto a aprender e a ensinar, dando e recebendo feedbacks, *criando oportunidades que respeitem o ritmo e os dons dos outros –, gera um ambiente de progresso que transcende o tempo. Cria admiração recíproca e parceria duradoura.*

R: Estou certo, Flávio, que é isso que faz toda a diferença! Não só cria um ótimo ambiente para trabalhar, como impacta positivamente na reputação e lucratividade da organização! Por isso que sempre afirmo...

> Feliz aquele que aprendeu que liderança é um processo de relacionamento humano. Não se corromperá pela sedução do poder e saberá alinhar a equipe pela força do coração.

Nesse momento, a secretária nos interrompeu gentilmente e nos serviu um café especial. Em seguida, prosseguimos.

R: Pela sua experiência, o que mais ajuda a obter o engajamento das pessoas?

F: O que mais encanta e promove o engajamento, acima de tudo, é alguma coisa que fale aos princípios, que fale à vontade de fazer; à necessidade interior da pessoa de transcender e participar de forma ativa para o bem comum.

R: De fato, também penso que se deve tocar no coração das pessoas. O que não é fácil...

F: É importante que seja levado em conta, e respeitado, o nível de maturidade das pessoas. Porém, por mais primários que sejam estes desejos, deve-se enfatizar os fundamentos coletivos do benefício. É preciso deixar às claras o aspecto espiritual que há por detrás do desafio. Mostrar no que vai impactar as rotinas e a vida dos seres humanos. Mostrar o porquê dos objetivos em pauta.

R: É verdade. Tem um pouco a ver com aquela estória que do homem que encontrou alguém quebrando pedras, e após cumprimentá-lo perguntou o que estava fazendo, e o outro respondeu rudemente: quebrando pedras, não está vendo? Em seguida, encontrou outro fazendo o mesmo e, ao perguntar o que fazia, ele respondeu que levantava uma parede. E um terceiro, que também quebrava pedras, respondeu-lhe anima-

do: estou erguendo uma catedral! Não é isso, Flávio? Como engajar se as pessoas sequer sabem os objetivos do trabalho e da organização em que atuam?

F: É mesmo, Robson. Sabe, tenho o hábito de algumas vezes, ao deitar, me perguntar para quem as minhas mãos e o meu cérebro estiveram trabalhando naquele dia que finda. E em algumas ocasiões eu me peguei focado somente em meus interesses egoísticos. Nestes momentos então corrijo os rumos, porque senão perco potência. Na vida, o que faz uma pessoa atingir metas, por mais difíceis e inatingíveis que pareçam ser, entre outros é a intenção e o foco. Quando a pessoa está imbuída da decisão de alcançar determinada meta – que para ela é importante e desafiante – passa pelo sofrimento sem dor. As pedras, os pedregulhos, calhaus, espinhos não machucam tanto, e nem impedem o êxito, exatamente porque a pessoa está muito focada naquilo que pretende atingir, respaldada na boa intenção.

R: Aplica-se, então, aquele pensamento de Nietzsche que dizia que quem tem um porquê suporta qualquer como...

F: Na verdade, o fato é que se você não conseguir aglutinar a sua equipe em torno de uma meta, onde estejam bem claros os benefícios e se fale à emoção, pode estar certo de que a meta não será atingida. O que faz as pessoas se engajarem de corpo e alma é a emoção. Se for só por obrigação ou ameaça, você não estará verdadeiramente engajado. Já vi muitas vezes executivos da alta liderança reunir equipes a título de motivar, mas que ao contrário ameaçaram. "Se não atingirem o objetivo, vamos para rua. A firma vai fechar e etc. e tal."

R: Isso nunca funcionou... embora ainda tenha gente que haja dessa maneira.

F: Sabemos que isto no campo material não move; mas desmotiva, desagrega, desestrutura. Este tipo de comportamento é a normótica de algumas empresas e executivos. E é por isto que não se encontra líderes transformadores a todo instante. Como tratar este líder que se envereda neste tipo de atitude? A minha visão é totalmente diversa desta linha de comando, ainda assim, entendo que o gestor que incorre neste equívoco deve ser tratado como um Ser Humano – com o maior carinho, com paciência, compaixão, conversas construtivas, informação e, principalmente, com exemplos. E os exemplos, que valem mais do que mil palavras, são a melhor forma de se promover a evolução da pessoa. Importante observar que a aderência de uma pessoa a determinado desafio é função de quanto você consegue fazê-las apaixonar pelo desafio em pauta. Os resultados econômicos, de mercado, e de imagem, refletem o engajamento das pessoas. Esta é a grande chave do sucesso.

R: Também concordo, é preciso tocar no coração das pessoas. Afinal, as pessoas se engajam e se comprometem com uma causa e não com os números. Por isso que digo...

> Feliz aquele que dedica tempo a descobrir o que é importante para as pessoas. Descobrirá a fonte da energia e do engajamento da equipe.

Nesse momento Flávio me pediu licença para atender uma ligação e logo retornou para a animada conversa.

R: Acreditamos que a vida é sagrada. Como você traduz essa sacralidade para o mundo dos negócios? Esse é outro desafio.

F: Com certeza. A vida é uma grande dádiva com a qual o Universo nos presenteou. E foi necessária a combinação de vários fenômenos cósmicos para que a vida existisse como a conhecemos. O exato instante da explosão geradora dos sistemas galácticos – nem um segundo antes, nem depois – permitiu que estivéssemos aqui e agora, nos comunicando e nos relacionando, neste lindo planeta chamado Terra. Para mim, uma das missões de um verdadeiro líder transformador é tornar tangível, ainda que de forma indireta, esse fato sagrado. E creio que uma das formas de fazê-lo é também tornar sagrada a missão profissional das pessoas, dando significado ao que fazemos; dando sustentabilidade e sentido às coisas. Dessa forma, não devemos permitir que nosso trabalho diário seja tão somente o ganha-pão de cada dia, mas sim dar um significado do pão espiritual de cada dia, garantindo que as realizações tragam verdadeiro benefício ao próximo, ao maior número de pessoas possível.

R: Estamos falando de outro nível de consciência...

F: Sim, porque esse talvez seja o maior desafio do líder transformador, o de dignificar a vida, e a sua sacralidade, pois ninguém conduz o outro – com segurança – em um lugar que nunca esteve antes. É necessário que o líder seja o primeiro a experimentar e assim conhecer a transformação que deseja ver nos outros. E isso é um imenso desafio. A busca pela produtividade é extremamente importante, e em nosso país é mais do que urgente. É realmente uma condição necessária, porém não suficiente. É fundamental que cada um sinta-se em missão, movido pela emoção e em busca da perfeição daquilo que faz.

Mas não como uma estratégia, e sim como um objetivo maior de ser um partícipe da vida, da construção de um mundo justo e digno de se viver. E isto se constrói no dia a dia, nos diálogos, nas soluções para os problemas e para as não conformidades; valorizando as pessoas e os momentos em que estas questões são trazidas como base das decisões.

R: Tudo começa na gente, é verdade! Dar significado ao trabalho é abrir-se às inúmeras possibilidades da vida. O que me vem à cabeça é...

> Feliz aquele que se livrou das cadeias do reducionismo e expandiu o seu olhar. Contemplará a epifania do sagrado em todas as coisas.

Mais uma breve pausa para um abraço em uma pessoa especial: Hugo Quiroga, que vem nos cumprimentar. Então prosseguimos...

R: Fale sobre o processo de transformação na vida das pessoas...

F: A liderança transformadora tem a ver com a minha Missão de vida. Missão que há dez anos consegui entender com mais clareza, para em seguida racionalizá-la, e enquadrá-la em parâmetros para a aplicação em meu dia a dia. Desde que assumi liderança nas áreas de obras, de engenharia, sempre tive uma visão muito voltada para as pessoas. Naturalmente que gosto muito de engenharia, e adoro tecnologia; mas acima de tudo amo as pessoas. Nessa caminhada aprendi que a minha missão é aprender através dos outros. É cooperar para que as pessoas cresçam, se iluminem e encontrem os seus caminhos, alcancem a sua realização pessoal. E é neste caminhar junto com os outros, é na disposição em ajudá-los – e talvez por ter dificuldades em aprender sozinho – que eu me ajudo e aprendo ajudando-os. É mais ou menos como a pedagogia, pois aquele que exerce a pedagogia necessita aprender para ensinar na relação com o outro. Entretanto, não acredito que uma pessoa possa mudar o outro, que possa transformar o outro. Você cria sim, uma ambiência para que a pessoa se transforme. Por isto pratico a andragogia, que significa descer do púlpito e aprender junto com as pessoas. Entendo que cresço junto quando "construo" com o outro.

R: *Como isso acontece?*

F: Estas transformações estão baseadas na minha atitude. Atos que levo para as empresas que assumi ao longo dos anos. As ferramentas para isto acontecer são as várias escolas do conhecimento da psicologia humana – o autoconhecimento. O Conhecimento trata de tudo aquilo que você vai buscar fora, nas outras pessoas; nas várias gerações, tradições e ciências. Já as Habilidades, você pode desenvolvê-las a partir de muito suor e de muito trabalho. Ou seja, são fatores externos que você vai buscar em algum lugar. No entanto, o principal está dentro de você mesmo: que é a sua Atitude. Implica você se autoconhecer, em buscar as suas limitações, as suas potencialidades e as suas competências. Isto faz com que você invista mais ainda em se aprofundar no Autoconhecimento; o que funciona como uma espiral virtuosa. Ou seja, quanto mais você se conhece, mais você desenvolve o potencial de se autoconhecer. Enfim, é isto que aplico nas empresas. Por quê? Porque faz parte da minha essência e da minha missão. E também porque traz muitos resultados positivos para os negócios. Com ambiente de estímulo e relações saudáveis, cria-se uma empresa com equipes autodeterminadas; não sendo mais necessárias estruturas organizacionais pesadas, com chefias e supervisões. É óbvio que a evolução deste processo depende do nível de maturidade das pessoas que compõem as equipes, mas os resultados em geral apontam para o surgimento de grupos autorreguláveis, focados, e com altíssimo padrão de eficiência e de engajamento. É por isto que por onde passo busco deixar nas pessoas um sentido de transformação realmente grande.

R: É a questão do legado, não é?

F: É. Fala-se que existem vários tipos de líder, mas o líder que mais agrega valor é aquele que, quando parte, deixa uma grande essência de transformação dentro das pessoas. É aquele líder que incentiva, colabora, e permite que as pessoas aprendam e cresçam. Muito importante a se considerar é que a pessoa de fato só evolui, só se transforma, quando o deseja realmente e busca fervorosamente o autoconhecimento. A maior dificuldade não é adquirir novos conceitos; mas sim abandonar os velhos, formados por crenças dos outros que ao longo da vida assumimos como nossas; paradigmas que já não servem mais.

R: Por exemplo...

F: Efetivamente ninguém muda ninguém. E este é um aprendizado muito importante. Já incorri nestes erros no passado, e vejo que outras pessoas ainda incorrem neste mesmo equívoco. Portanto, não devemos pensar que vamos conseguir mudar o outro. Não mudamos ninguém. Outro aprendizado: não criar expectativas sobre as pessoas. Nem positivas ou negativas, pois isto leva à pressão ou à mágoa. E o que é a mágoa? É esperar do outro aquilo que ele não pode dar. O outro não veio à vida para satisfazer as minhas expectativas.

R: E o que mais?

F: Um profundo amor pelas pessoas. Enxergar as pessoas como algo maravilhoso. Entender que se trata de um presente divino poder conviver com pessoas de fácil trato, amorosas, ou mesmo as mais difíceis. Todos fazem parte de um caleidoscópio que é muito importante para vida. Quando você tem consciência da vida, você ama as pessoas incondicionalmente. E ainda que errem e você possa de vez em quando ficar muito bravo, isto é humano, e no fundo o amor resolve. Só o amor salva cada um de nós, só o amor salva a si próprio. A nossa redenção é o amor. E outra lição importante é ter uma profunda compaixão pelo outro. É se colocar no lugar do outro, é ter paciência com o outro. Isto é fundamental. É consequência do amor.

R: O que mais você pode compartilhar?

F: Falo agora de um tema que é foro íntimo, e que em minha opinião se trata da maior ferramenta que alguém pode ter. Refiro-me à fé. Em minha opinião nada foi criado ainda, nenhuma teoria, e nada tão forte como a fé. Uma fé interior – fé na vida, fé em si próprio. A força da fé foi o que de mais importante aprendi ao longo de minha história; tanto na vida pessoal quanto na vida empresarial, nos embates com as contradições e sombras que encontramos ao longo de nossa existência. Ter fé que você conseguirá ser feliz, que é possível levar uma vida positiva adiante. Falo também na fé em um Criador – e não importa a crença que a pessoa tenha. Isto é o mais importante que aprendi. Eu não estou falando em fé religiosa. É acreditar que vale a pena estarmos aqui. Que somos todos muito importantes. E não importa se estamos aqui apenas por um ato de probabilidade, quando houve uma explosão do big-bang. *Não importa. Vale pena estar aqui. Não somos um acaso. Vale a pena amanhecer, vale a pena enfrentar as grandes questões na vida, porque a gente tendo fé de que isto é verdade, que é bom, e de que somos capazes de transformar, podemos alcançar todos nossos sonhos e objetivos. E por fim falo também da fé num Ser, numa Grande Força, que é o gerador de toda essa lógica, dessa matemática, destes universos de corpos celestes; dos fenômenos que ocorrem na natureza, no amanhecer, no brotar de uma semente. Você pode tudo. Está na sua mão. Você é o único responsável pela sua vida. Em minha crença – e eu creio em Deus – um Deus de Amor que nos deu o livre-arbítrio, e disse: "faça o que achar melhor de sua vida e apoiarei você". E como a vida, a psicologia e as atitudes humanas funcionam baseadas em lógicas, a questão toda é que existe uma lei básica da física a ser observada: você pode fazer o que você quiser de sua vida, mas você não pode escapar das consequências. Simples, se tenho uma ética utilitarista, se administro uma empresa e só penso em mim; se ignoro os outros e se busco somente obter lucros através das pessoas – e não com as pessoas– é lógico que elas observam isto. A consequência então é que um dia as pessoas que usei não serão mais cooperativas comigo. Ficarei sozinho. E isto tudo está no campo da fé.*

R: Enfrentamos alguns tabus quando tratamos da fé e do amor, você não acha?

F: Confesso não ter explicações para o fato de a palavra Amor ser um imenso tabu nas organizações empresariais – mesmo sendo tão propalada e tão usual nos vários momentos da vida das pessoas, desde os primórdios da civilização. Mais de uma vez pude fazer palestras em encontros de Recursos Humanos, sobre este tema, e notei um grande interesse no inusitado – falar de amor. Ora, as pessoas que dedicam várias horas de seu dia, ao longo de toda uma vida profissional dentro das organizações, buscam o quê? Sabemos, no fundo, que buscamos todos reconhecimento, prazer e felicidade. Decodificando, isto significa que estamos buscando ser amados. Entendo assim que as empresas deveriam ter escritas em suas declarações de missão a busca pela felicidade das pessoas; sendo que suas áreas de Gestão de Pessoas deveriam ter o Amor como princípio básico.

R: Ah, Flávio, quem dera chegar logo esse dia! Temos muito que trabalhar para realizar esse nosso sonho... Sabemos que somos os instrumentos de Deus nesse mundo e como gestores temos uma imensa responsabilidade...

> Feliz é quem ajuda o outro a se tornar mais humano. Será aclamado como parteiro de uma nova humanidade.

Já estávamos terminando, quando dona Maria veio nos oferecer mais água e café.

R: Muito obrigado, Flávio, por compartilhar sua experiência e sabedoria. Precisamos vencer ainda a tal separação entre vida pessoal e profissional, encontrar o equilíbrio e valorizar a família que é o alicerce de tudo.

> Feliz aquele que aprendeu que todas as coisas são para o bem e por tudo é agradecido. A vida lhe outorgará o diploma de mestre.

Essa é a última etapa da jornada, o herói, após escutar a voz do coração, faz a travessia do portal e tendo a certeza que conta com o auxílio de forças superiores enfrenta as adversidades, com o apoio dos aliados vence os inimigos e supera a si mesmo para conquistar o elixir e se torna servidor da vida. Lidera de tal modo que faz com que os colaboradores sintam orgulho do seu trabalho e da empresa em que atuam, e por isso recebe até a gratidão das famílias pela felicidade do lar. Age como sal da terra e luz do mundo. Pois, como mencionei no primeiro capítulo, a quem muito foi dado, muito será pedido e a quem muito foi confiado, muito mais será exigido. Não é essa a missão do líder servidor?

Mas isso não é tudo. Ainda nos faltam três questões.

Exercícios para promover a transformação

Caminhamos até aqui. Vimos no mito do herói a nossa própria história. O chamado. As vezes em que nos recusamos a escutar a voz do coração. A ruptura e a travessia de umbrais. Encontramos mentores e força espiritual na jornada. Enfrentamos inimigos e vencemos obstáculos. Alcançamos recompensas e aprendemos a dar boas- vindas aos desafios e assim prosseguimos. Agora uma nova consciência, mais conhecimento de nós mesmos e da missão que temos na vida. Essa é transcendente. Ainda há muito por fazer...

Como você, estou aqui fazendo a jornada. Contei um pouco de mim em cada etapa, sem ter o objetivo de fazer uma autobiografia, quis apenas mostrar que trilhamos os mesmos caminhos e todos buscamos viver a bem-aventurança da vida.

E é nesse caminhar que nos fazemos humanos e podemos nos tornar líderes. As bem-aventuranças nos sinalizam um caminho para a liderança. Destaco essas que me fazem pensar em como agir:

> *Feliz aquele que empreende a jornada da própria transformação. Será reconhecido pela transformação que provocou ao seu redor.*
>
> *Feliz aquele que ajuda o outro a encontrar o seu próprio caminho. Será sempre reconhecido como um líder iluminado e iluminador.*
>
> *Feliz é quem lidera pelo exemplo e inspira os outros pelos valores que vivencia. Deixará a sua marca como valor inestimável e um legado que o tornará inesquecível.*

Ao longo dessas páginas refletimos sobre aspectos importantes para o exercício da liderança, dentre tantos, um dos que mais me toca é a questão do legado. Essa consciência da marca que pretendemos deixar pode fazer toda a diferença no modo como lideramos e, mais que isso, como vivemos os nossos dias.

Pensando nisso, escrevi:

Legado
Milhões de anos de história...
E o que é a minha história?
Um relâmpago
Uma faísca
Um o quê?
Um clarão que por um brevíssimo tempo
Lampejou na Terra
Tocou o chão
Energizou a vida
E por um instante iluminou os campos...
Apenas um lampejo...
Um cintilar...

Como luz da Luz.
Para deixar um rastro de luz...
Para dar à luz
Alguns momentos
Que sejam resplandecentes...
Pois que as fagulhas confirmem,
Que dentre os milhões de anos,
Dessa efêmera humanidade,
Por um milionésimo de fração do tempo,
Eu passei por aqui.

http://www.animah.com.br/qrcode/qrcode12.pdf

E para terminar

Três questões importantes: Até que ponto temos valorizado cada passo da jornada? Que lições temos extraído em cada momento? De que forma expressamos a gratidão por tudo o que nos acontece?

Para concluir, certa vez conheci um andarilho que percorria as estradas do mundo. De vez em quando parava para contemplar a paisagem, sorria encantado com a beleza e prosseguia o seu caminhar. Outras vezes sentia necessidade de descansar. Tirava as botas gastas, ria da sola carcomida e catava os pedregulhos que ali haviam penetrado. Já não se importava com os incômodos causados pelas pedrinhas. Algumas vezes falava sozinho, ou melhor, com elas.

– E aí, companheiras? Resolveram fazer essa parte da viagem comigo? Pensaram que iria dispensá-las logo, mas resisti. Vocês fazem parte da jornada e já aprendi a valorizar vocês.

Vez por outra dava nome para as pedras e obstáculos que encontrava no caminho. Com voz de imperador ordenava que se retirassem para que ele passasse. Insistia. Trovejava. E nada... acabava rindo de si mesmo, e aos poucos ia se tornando amigo das pedras e lhes pedia licença para passar. Em outras ocasiões lhes propunha uma mudança de lugar e dizia-lhes:

– Já que vocês não desistem, que acham de escolher um lugar mais confortável e que não atrapalhe? Que tal ali? Ou naquela sombra? Ah, sim! Lá é melhor, não acha? Essa servirá de assento... e você aí? Não se parece com um travesseiro para o meu descanso agora?

O andarilho, de tanto agir assim, tornou-se o senhor amigo das pedras. E, quando encontrava alguém, narrava as suas aventuras e sobre o poder das pedras. Para os incrédulos, mostrava os seus braços fortes.

– Quem você pensa que tornou fortes os meus braços?, argumentava com veemência. – E os meus pés? Não vê que sou capaz de andar sobre qualquer coisa? Tudo isso devo às pedras, foram delas que extraí essas lições.

E assim prosseguia. Ao encontrar um riacho se banhava e se sentia renovado. Nessa hora, me disse que também se livrava de alguns pesos que carregava. É que, quase sem perceber, acumulava coisas desnecessárias, e em cada parada ia se dando conta de que era possível e até mais fácil caminhar sem aquilo que lhe davam, ou que ia catando pelo caminho.

– Ih! – disse uma ocasião. Juntei coisas de novo! E, ao descarregar, se sentiu livre e poderoso para fazer o que bem queria. Só assim percebeu o quanto já havia deixado de fazer pelo fardo que carregou durante tanto tempo.

Dessa última vez, ergueu a cabeça e foi avante com o propósito de não mais juntar o que não era preciso.

Em uma de suas paradas para repouso, deitou-se em um pasto e ficou contemplando o céu. Mirava as estrelas e lhes dava nome, como fazia com as pedras. E para cada uma propunha uma missão.

– Você aí mais miudinha – dizia e se esparrava pelo campo abrindo os braços como quem abraça as estrelas –, vou chamar você de Miúda. Mas não se ofenda. Você vai ficar com a missão de sinalizar os perigos do caminho. E você aí, é você mesmo que está perto da Miúda, seu nome é Luzia, e se prepare para brilhar quando a minha vista escurecer ou quando quiser me mostrar algo de muito especial – continuou. Ao espreguiçar-se, feriu a mão com um espinho. Logo lembrou-se do que lhe dissera uma anciã que encontrara há muito: tão importante quanto olhar para o alto e contemplar o céu é prestar atenção no que está na terra. Com cuidado retirou o espinho e decidiu guardá-lo para não mais se esquecer da lição, e ainda ficou alguns minutos pensando no tempo que já tinha perdido se ocupando só dos problemas, que por muito pouco quase se esquecera das razões pela qual caminhava. É mesmo – pensou alto –, a jornada é o que mais importa! – respirou fundo e voltou-se para as estrelas. – E vocês aí – prosseguiu – que estão tão juntinhas que nem consigo dar um nome para cada uma, se importam se chamá-las de Preciosas? Daria para assumirem a missão de me acompanharem o tempo todo? Sabe, é que não quero correr o risco de pegar algum caminho indevido. Uma vez, ainda não as conhecia, peguei um caminho danado de ruim e me dei mal...

Falava com tudo. Uma vez encontrou um gato. E o convidou a seguir a viagem com ele.

– Não é que o gato aceitou? – contou para um cavaleiro solitário que encontrou na estrada. E fique o senhor sabendo que o gato é danado de sabido. Até acho que ele deve ser um dos gênios que dizem que há por aí e se encarnam nos bichos. Quer saber por quê? Primeiro que ele, desde que apareceu, não me deixa só. Se tornou o meu aliado. Toma conta de tudo o que faço. Às vezes, penso besteiras e está lá o bicho olhando para mim. Pergunto logo: – Tá olhando o quê? Já sei, já sei... e paro de pensar no que não devia. Por causa dele acho que até comecei a fazer as coisas mais direito. Dia desses ele me deu uma aula de sabedoria como nunca tive. Estava com as ideias apoquentadas, sabe? Lembrei de alguns problemas que já passei e aí vieram uns nomes horríveis como eu chamava os inimigos, que nem vou repetir agora. Bem, resolvi contar tudo para ele. E depois de uma longa conversa, olha que gastei foi um tempo para contar tudo, porque não foi só uma batalha não, moço, foram muitas... mas depois que contei tudo, como ia dizendo, já era um outro homem.

O andarilho assegurou pela cara do cavaleiro com as sombracelhas levantadas que ele estava achando tudo muito esquisito. Para a sua surpresa, o cavaleiro pareceu também ter resolvido dar trela à conversa.

– E o seu companheiro, o gato, dizia o quê? – perguntou.

– Nem precisava, moço. Ele fez igual o que o senhor acabou de falar. Foi companheiro. Escutou tudinho, tudinho. De vez em quando balançava a cabeça me compreendendo e enroscava o rabo na minha perna. Mas, me diga uma coisa, o senhor está indo pra onde?

– Vou até a vila fazer umas compras – respondeu o cavaleiro. – É pra lá que o senhor vai?

– Pode ser. Tem uma garupa?

Assim foi uma estirada trotando pela estrada afora. O cavaleiro contou como domesticava cavalos selvagens. O cavalo marchava dando um ar solene àquelas histórias.

– Não é que sua história é muito parecida com a minha? – disse-lhe o andarilho ainda na garupa do cavalo. Gostei muito de conhecer o senhor, pelo menos, essa parte da história.

– É mesmo?! O senhor também já fez isso na vida?

– Faço até hoje, seu moço. O tempo todo trabalhando para domar cavalos selvagens... Mas já chegamos. Obrigado pela carona. O senhor chegou na hora certa. Estava precisando chegar rápido na vila, e sem a sua ajuda seria quase impossível.

– Posso ajudar em algo mais? – perguntou o cavaleiro.

– Obrigado, moço. Que Deus o acompanhe.

Muito tempo depois o andarilho ainda contava essa história e de como aquele encontro marcou a sua vida.

E esse dia que ele foi de garupa até a vila era a véspera do Natal, ele bem se lembrava, e queria muito ver um presépio. Fazia tempo que sonhava com isso. Não é que apareceu o danado do cavaleiro para me levar aonde eu desejava?! – matutava.

– Sabe – disse ele – naquele dia chegamos na vila, já estava escurecendo. Eu mesmo nem sabia pra que banda ficava a tal vila, mas no fundo do meu coração estava um desejo enorme de ver um presépio. O moço me deixou na praça. Fiquei lá um tempo com o gato. A igreja em frente ainda estava fechada. Apareceu um grupo de crianças para brincar e duas delas se aproximaram de mim, ou melhor, acho que foi do gato. Resolvi contar a história do gato para elas e logo as outras vieram. Primeiro perguntei se elas queriam saber o que ele tinha me ensinado. Você duvida? Não tem uma que não queira saber quando pergunto isso. Aí desatei a falar, elas riam de mim e se espantavam com as minhas caretas, eu acho. O pipoqueiro apareceu – onde tem crianças ele sempre aparece –, mas já era quase Natal e ele distribuiu pipocas para todo mundo. Ah! Que coisa boa! Quanto tempo não comia pipocas... Ah! sim... o que foi mesmo que estava falando? Ah! o que gato me ensinou... pois foi tanta coisa que não dá para contar tudo de uma vez só. Uma ocasião ele falou que eu tinha que parar de dizer que somos os autores da nossa própria história porque a gente nunca conta ou escreve a nossa história sozinhos. A gente, na verdade, continua a escrever uma história que começou lá atrás. Quem sabe uma história que começou há muito tempo atrás?, perguntou para a criançada.

– Sei a do meu avô – disse uma loirinha.

– Meu pai conta um monte de antigamente – falou o guri todo suado.

– Também sei – foi um coro só das outras crianças.

– Pois então, assim cada um de nós vai fazendo a história junto com os outros. Um não brinca com o outro? Cada um também ajuda o outro a contar a sua história. A minha história já vai ser diferente a partir de hoje. Tem uma parte que vocês estão ajudando a escrever. E ainda tem a história da vila, daquele moço que está indo lá na frente com o cavalo, da igreja, e uma porção de outros acontecimentos da vida dos outros que cruzam com os nossos, e vai ficando tudo junto e aí dá a nossa história. Nunca que dá para escrever sozinho. A gente até escreve, mas tem que lembrar sempre que tem muita gente que chega e dá uma mãozinha aqui e outra ali, sem falar naquelas que têm uma participação especial. Entendeu? A nossa história é um encontro de muitas histórias, porque uma de um jeito ou de outro sempre afeta a outra.

– Ah! – falou o menino com jeito de ser o mais velho. Mas no meio de tudo isso tem uns perrengues que a gente passa e faz essa história ficar muito triste e muito feia. Não gosto disso não...

– Você quer saber o que o gato falou sobre isso?

– O senhor quer fazer a gente acreditar que o seu gato fala, mas até agora ele não deu uma palavra.

– É porque tem muita gente. Mas deixa eu contar. Ele me falou também dessas coisas que acontecem na vida da gente e que faz doer. Só que, quando a gente é capaz de dar um sentido para isso, até passa a dor. Somos nós que dizemos se é triste ou alegre, se é bonito ou feio, se é bom ou ruim. Então, a gente pode dar um jeito de entender de outra maneira e fazer com que toda história tenha um final feliz. E aí, lá na frente a gente até vai entender por que tudo aquilo aconteceu. É desse jeito que a gente tem o poder de escrever a nossa história. Só que não precisa acabar a história para escrevê-la, a gente pode escrever e reescrever, e assim vai dando significado aos capítulos que a gente vai vivendo e aqueles que a gente ainda vai viver. Entendeu? – disse parecendo estar escrevendo no ar. A gente já vai fazendo um rascunho de como a gente quer...

– O senhor quer dizer que quando a gente conta a nossa história é a gente que dá o rumo dela? – insistiu o garoto com ar de quem sabia do que falava.

Parece até que foi combinado. Na mesma hora foi um tal de ouvir mãe gritando nome de filho e todo mundo sair correndo. Estava quase na hora da missa do galo. Nem vi que abriram a igreja.

O pipoqueiro que tinha distribuído pipocas para todos me agradeceu as coisas bonitas que falei.

– Ouvindo o senhor contar essas histórias fiquei aqui pensando – comentou –, a gente não sabe é nada da nossa história e muito menos da história dos outros. Quando sabe é um tiquinho, uma curva da caminhada, e ainda diz que conhece. Conhece é nada! Deu duas buzinadas no carrinho e andou um pouco e olhou para trás. E olha que tem gente que ainda quer mandar nos outros! – disse. E não é capaz de mandar nem em si mesmo, o senhor não acha? Ah! Se a gente se conhecesse mais ia ser tudo tão mais fácil... até os mandachuva não iam precisar mandar, era só dar exemplo... mas, deixa pra lá, já estou falando demais. Deixa eu ir embora. Aí voltou e me deu mais pipoca, um saco para mim e outro para o gato sabido, e me desejou um feliz Natal.

De repente a praça estava vazia. Sumiram as crianças e foi embora o pipoqueiro. Dali fui até o presépio. Era muito bonito. Quanto tempo queria ver um. Tudo muito simples, pequenino e cheio de luzinhas iguais à Miúda e às Preciosas. Fiquei ali um bom tempo olhando, olhando, olhando e quando dei por mim estava falando sozinho mais uma vez.

– Olha, Menino, caminhei isso tudo, até apareceu uma garupa de última hora, só para falar da minha gratidão. Não tenho outra coisa para dizer não, só isso. Não é uma gratidão qualquer. É porque o gato sabido me falou que é preciso ser grato por tudo: da hora que nasce, por tudo o que se passa pelo caminho e até pela hora que vai acabar a caminhada.

O gato se enroscou na perna e ficou olhando.

– Está aqui o gato sabido de novo. Está me chamando a atenção para outra coisa. Já entendi. É que a gratidão tem que ser também pelo que aconteceu antes da gente nascer. Pelos antepassados que começaram a escrever a história que a gente continua, não é isso, gato? E também pelas pedras, pelas estrelas, gatos, cavalos e cavaleiros? Mas isso já falei, gato!!! Falei gratidão por tudo o que passamos pelo caminho... Ah, é mesmo! Gratidão pelo que ainda virá. Não sei bem o que significa nem o que virá, mas está bem assim. Já agradeço de antemão por tudo o que virá e por ter me ensinado que não há maior alegria do que se colocar a serviço da vida.

Nessa hora o sino tocou. Olhei para cima e vi Luzia piscando para mim. Percebi que, ao contrário do que pensava, não estava falando sozinho.

O coro da igrejinha começou a cantar: *Bem-aventurados os que promovem a paz...*

Fiquei por ali ainda algum tempo escutando os hinos, as preces e palavras da noite de Natal. Teve uma hora que falaram que uma luz brilhou para os que andavam na escuridão e fiquei pensando com os meus botões: que bom! Tá precisando mesmo, ainda tem muita gente andando na escuridão, com essa luz vai ficar muito mais fácil caminhar!

Feliz aquele que demonstra gratidão por todas as coisas que lhe acontecem. Fará a jornada da vida à luz da nova consciência.

Cartões das BEM-AVENTURANÇAS, formas de usar

Obrigado por adquirir meu livro.

Estes cartões que você encontra no final do livro foram concebidos com o objetivo de estender a reflexão e contribuir com a prática das "bem-aventuranças".

Você pode utilizá-los de muitas maneiras. Estas são apenas algumas sugestões. Enriqueça-as com a sua criatividade:

- Retire um cartão aleatoriamente para inspirar o seu dia, o seu trabalho e de outras pessoas, compartilhando o texto.
- Promova uma reflexão individual a respeito da "bem-aventurança" e a compartilhe em pequenos grupos.
- Utilize esse método como mais uma ferramenta de coaching.
- Sendo líder de uma equipe, coloque-se em atitude de escuta para com os liderados, perguntando-lhes como fazer para que aquela "bem-aventurança" se realize na equipe.
- Realize uma dinâmica de grupo na qual cada participante comente a "bem-aventurança" e como aplicá-la no trabalho.

- Outra sugestão é pedir para que cada um retire um cartão, comente e sugira a sua aplicabilidade no trabalho e, se for o caso, gere um plano de ação.

- Usando os conhecimentos de storytelling que compartilhamos no livro, cada um pode contar uma estória, tendo como base a carta da "bem-aventurança".

- Outro desafio é o grupo (não menos que cinco e não mais que oito participantes) construir coletivamente uma estória incluindo a "bem-aventurança" de cada um. Essa atividade pode ser utilizada pedagogicamente para o desenvolvimento de competências. Observe a cooperação, a liderança, a negociação, a flexibilidade e os aprendizados além do que vier a emergir da narrativa e a sua aplicação.

- Conte uma experiência relacionada à "bem-aventurança", e se não a tiver, imagine como seria se ela fosse posta em prática. Visualize mentalmente a cena da "bem-aventurança".

- Compartilhe nas redes sociais e fomente a reflexão e o diálogo sobre o tema.

Desejo que você aproveite bem e que ajude a disseminar as "bem-aventuranças". Se tiver mais sugestões de como usar os cartões, compartilhe comigo:

robson.santarem@animah.com.br